CCTV 大型纪录片《贺兰山》同名图书

贺兰山（视频书）

李金海◎著

人民出版社

责任编辑：刘敬文　池　溢

封面设计：汪　阳

责任校对：吕　飞

图书在版编目（CIP）数据

贺兰山 / 李金海　著 . — 北京：人民出版社，2017.2

ISBN 978 – 7 – 01 – 017274 – 3

I. ①贺…　II. ①李…　III. ①贺兰山 – 介绍　IV. ① K928.3

中国版本图书馆 CIP 数据核字（2017）第 012936 号

贺 兰 山
HE LAN SHAN

李金海　著

人民出版社 出版发行

（100706　北京市东城区隆福寺街 99 号）

北京汇林印务有限公司印刷　新华书店经销

2017 年 2 月第 1 版　2017 年 2 月北京第 1 次印刷

开本：710 毫米 × 1000 毫米 1/16　印张：17.25

字数：206 千字　印数：0,001 – 4,000 册

ISBN 978 – 7 – 01 – 017274 – 3　定价：66.00 元

邮购地址 100706　北京市东城区隆福寺街 99 号

人民东方图书销售中心　电话：（010）65250042　65289539

目　录
Contents

第一章

远古遗存

经历亿万年的孕育时光后，

贺兰山崛起于天地之间，

雄伟的身姿成为西北地区气候分界线，

为生物多样性提供了保障，

成为天然植物的花园，野生动物的天堂，

人类文明曙光在这里点亮。

散布在贺兰山大小山谷的岩画，

就是先民留下的文明足迹。

一、恐龙的故乡

扫一扫 看视频
贺兰山山名的由来

与中国大多数山脉呈东西走向不同，贺兰山是一条南北走向山脉，这在中国境内比较罕见，它东西宽十五到六十公里，南北绵延二百多公里，平均海拔两千五百米左右，最高峰敖包疙瘩三千五百五十六米。山势雄伟，若群马奔腾。

贺兰山汉代称卑移山，后改名乞伏山，至唐代，已普遍称作贺兰山了。贺兰山名字来源有种种说法，《元和郡县志》记载"山多树林，青白望如驳马，北人呼驳为贺兰"，也有说法，匈奴贺兰部曾于晋太康年间驻牧于贺兰山地区，这座山便习惯地称为贺兰山了。

贺兰山雄伟的山势构成天然屏障，将西伯利亚冷气流挡在西侧，同时，也阻止了东南季风的继续西进，使之止步于贺兰山东麓，因此宁夏平原上空有了相对温润的潮湿气流，宁夏平原"塞上江南"的美誉很大一部分来自贺兰山的贡献。贺兰山成为中国西北温带荒漠草原与荒漠、季风气候和非季风气候的主要天然分界线。

距今两亿五千万年前，晚期燕山运动使原本一片海洋的地带孕育出一座山脉，经过漫长的岁月，至今六千五百万年前，随着喜马拉雅造山运动，使贺兰山开始崛起，最终在三千万年前形成今天的雄姿，与贺兰山同步形成的牛首山地区发现了鱼类化石，证实了远古时期那段惊心动魄的地质运动。

2004 年底，距离贺兰山东南一百公里的灵武发现了恐龙化石。这里干旱少雨，植被稀少，属于典型干旱半荒漠地带，很难将这里与恐龙联系起来。然而地质学家证实，在一亿四千万年前正处在侏罗纪时期的宁夏地区，雨水充沛，植物茂盛，湖泊星罗棋布，是恐龙的乐园。

在灵武市磁窑堡煤矿东南两公里处，有一个居住着两百多户矿工的村庄，叫作"南磁湾"。在南磁湾村东侧，有一道高不超过十米的山梁，登上山梁眺望，便能看见毛乌素沙漠，远远望去，是一望无际的漫漫黄沙，震惊考古界的灵武恐龙化石就在这里被发现，首先发现恐龙化石的是一名叫马云的当地回族青年。

2004 年 4 月初的一天，因一位朋友生病需要刺猬入药，马云便约上女友，带上铁锨，到南磁湾山梁挖刺猬。在寻找刺猬洞过程中，一块被雨水冲刷出来的"石头"吸引了马云的目光，它表面十分光滑，呈红褐色，形状很像动物骨骼。

马云自小喜欢画画，对动物的骨骼有些了解，以前通过电视，

第一章 远古遗存

也对古生物化石知识有一些了解，知道犀牛、猛犸象、黄河象等远古动物的骨骼比较大，看着眼前这块大石头，一个念头在他心中产生：这会不会是块大型动物遗留下来的骨头化石？当他把自己的想法告诉女友时，女友摇头否认。马云并不甘心，又拉着老乡们去看。

磁湾村地处沙漠边缘，一般人看来，这里有古生物化石显得有些不可思议。村民们放羊及乘凉时，经常在此休息，也没觉得这块石头有何与众不同。所以，大家觉得马云的想法有些荒唐，常拿这件事讥讽他。

马云没有料到，他将开启的是一大批沉睡亿年的巨型恐龙化石群的发现，而此时，它们就静静地埋藏在他脚下这片山梁。

经过数月思想纠结后，马云给灵武市文物管理所打电话，汇报了自己的发现。当日，恰好文管所所长刘宏安正在附近开展文物调查，接到电话后，他带着工作人员赶往现场。眼前的景象让他吃惊不已，一块南北长十五米、东西宽五米的缓坡上，一块长近两米的

» 贺兰山（纪录片《贺兰山》剧照）

» 贺兰山全景

动物股骨化石裸露在泥岩土层中。

尽管有十几年的文物考古经验，但面对如此"庞然大物"，刘宏安一时也很难下结论。2004年11月18日，经宁夏回族自治区文物局批准，刘宏安和三名工作人员进行试探性挖掘，随着挖掘面积的不断扩大，化石越来越多，其中一块化石挖到直径一米时仍不见其边缘，当时围观者数百名群众，被眼前的巨型化石壮观景象惊得瞠目结舌，谁也没见过如此庞然大物。

此时，时值天寒地冻，寒风呼啸，夹杂着沙土，打在考古人员脸上，异常疼痛。面对庞大且数量众多的化石，刘宏安一筹莫展，知道凭文管所的有限力量根本无法再开展下去。经商议，刘宏安决定先回填掘坑，让马云看护挖掘现场，待他们回去向上级文物部门和有关领导报告后，待来年开春，天气变暖再做发掘。

整个漫长冬天，马云都在那道山梁上转悠，精心看护化石现场，防止遭到人为破坏。没有帐篷避风，没有火炉取暖，寒风刺骨，但马云依然毫无怨言，为此还错过了两次煤矿招工机会。由于

第一章 远古遗存

没了经济来源，马云只能靠向朋友借钱维持生活，渐渐引起家人不满，他们认为马云无所事事，不务正业。村里乡邻也对他指指点点，对他的做法不以为然。后来女友也抱怨他，并迫于家人压力，提出和他分手。

这一切，让马云倍感沮丧和委屈、伤感。2005年3月，重压之下，马云打电话给灵武市文管所，提出希望要些工资，然后到新疆打工。

此时，灵武市文管所所长刘宏安，在《宁夏日报》和《新消息报》发表文章介绍在灵武地区发现古生物化石情况，很多新闻媒体进行了跟踪报道，引起社会广泛关注。

2005年4月10日，自治区国土资源厅相关领导带领十余名地质资深专家来到挖掘现场，进行试探性发掘，挖出了一块长达两米的化石，一块形似动物膑骨的化石也显露出来，并初步判定应该属于古脊椎动物化石。专家们无不为本次发现感到震惊，老地质专家郑昭昌仔细观察地质结构和出土化石，给出推断："南磁湾山梁地层为中生代侏罗纪，在侏罗纪时代地球上生存如此庞大的动物，极有可能是恐龙！"

为了进一步求证，灵武市文管所工作人员携带录像资料和部分骨骼化石去北京中国科学院古脊椎动物与古人类研究院，请著名古生物专家徐星进行鉴定。

徐教授经过认真研究资料后，指出这是蜥脚类恐龙化石，它的发现填补了宁夏没有恐龙的空白，而且，有可能是亚洲最大的恐龙化石。

2005年4月17日，中科院古脊椎动物研究所工程师王海军和博士贾程凯从北京赶到灵武，偕同灵武文管所五名考古人员，开始大规模发掘恐龙化石。由于挖掘土方量太大，南磁湾矿区又找不到年轻的雇工，考古队只好聘请十余名退休老矿工，协助清理沉积岩。随着考古挖掘工作不断进展，惊喜不断，这里竟然埋藏着一个巨大的恐龙群体，而且化石层层叠压，排列杂乱无序，保存较为理想。现场发现有一具恐龙化石，数十节恐龙腰椎和尾椎保持原始自然关联，长达七米多，如果将它复原，将是一只十米高，长达二十三米的庞然大物！

时值盛夏，地表温度达四十多摄氏度，但丝毫没有影响考古挖掘人员的工作热情，努力的工作很快得到回报，发掘人员后来在离现场不远的北坡上，发现也有化石裸露在地表层，发掘出土大量恐龙化石，发现了三具保存比较完整的恐龙化石，其肩胛骨化石长达一米八，一只椎体直径有一米一，比以前发现的亚洲最大恐龙——四川合川马门溪恐龙超过了许多。

正当各项挖掘工作有条不紊开展时，2005 年 7 月 29 日，徐星教授从北京来到灵武挖掘现场。徐教授认真观察后，认为化石保存十分完整，没遭到人为破坏，化石标本分布密集，属国宝级恐龙化石。

8 月 11 日，考古工作人员挖掘出的一串分布密集神经棘恐龙荐椎化石，且神经棘骨骼关联程度非常好，这样完整的蜥脚类恐龙化石举世罕见。

经专家研究证实，宁夏灵武恐龙化石为梁龙化石，具体为梁龙类中一个罕见的分支——叉背龙类，是生活在中侏罗纪大型新蜥脚类食草恐龙，距今约一亿六千万年。它与美洲地区的恐龙化石极为相似，两者之间可能存在某种关联，这在亚洲地区发现尚属首次，宁夏灵武恐龙化石的发现，为大陆漂移学说提供了有力的证据。

2006 年 8 月 26 日，中央电视台、宁夏广电总台联合对灵武恐

» 灵武恐龙化石

龙发掘工作进行现场直播，就在直播过程中，考古现场发掘出二十二颗排列整齐的恐龙牙齿化石，带有完整的下颌骨颌牙关，经专家确认为恐龙头骨化石。媒体现场直播恐龙化石发掘活动，在全世界属于首例，引起了极大的轰动效果。

对于灵武恐龙的灭绝原因，学术界有各种推测，有气候变化说、自然灾害说等。但如果将目光稍稍从灵武推移一下，就会发现，灵武恐龙的生活和灭绝时间正好与贺兰山的兴起基本吻合，我们是否可以大胆假设一下，在贺兰山慢慢崛起过程中，一次剧烈的地壳运动，造成了大量恐龙的死亡，最终使灵武恐龙走向消亡。

二、水洞沟，时空之旅

为了更好地保护贺兰山生态，1988年贺兰山被列为国家级自然保护区，2002年开始全面禁牧。十几年过去后，如今的贺兰山区，植被得到恢复，各种野生动物得以繁衍生息，群体不断壮大，贺兰山成了名副其实的天然花园，野生动物的天堂。

扫一扫 看视频
贺兰山植被

1923年，贺兰山出现了一支外国科考队，他们是由美国华盛顿国立地理学会派遣的F.沃尔森考察团，他们为贺兰山丰富的植物物种所惊叹，在科考日记中，他们把贺兰山称作"神秘的花园"。

» 树木葱茏的贺兰山（纪录片《贺兰山》剧照）

» 贺兰山具有丰富的植物物种（张碧迁提供）

贺兰山现有野生维管植物六百四十七种，其中：蕨类植物十六种；裸子植物七种；被子植物有双子叶植物四百七十六种，单子叶植物一百四十八种。维管植物种类以菊科、禾本科最多。此外，还分布有苔藓植物一百四十二种，大型真菌二百五十九种。贺兰山现有国家级重点保护野生植物五种：沙冬青、野大豆、蒙古扁桃、羽叶丁香、四合木。

四合木为中国特有子遗单种属植物，是最具代表性的古老残遗濒危珍稀植物，起源可追溯到一亿四千万年前，被誉为植物的"活化石"和植物中的"大熊猫"。四合木目前全世界仅存有一万公顷

» 贺兰山云杉

左右，而贺兰山地区就有一千公顷。

　　贺兰山主峰敖包疙瘩周围云杉林遮天蔽日，绵延二百多平方公里，在外围还散布着油松和山杨，它们守护着贺兰山，阻止了从阿拉善草原吹来的风沙，维护着贺兰山并不丰厚的表层土壤，吐故纳新，使得贺兰山成为宁夏的生态屏障，是宁夏平原名副其实的生态之肺。

　　在贺兰山，青海云杉随处可见，每当夏季雨后，大量贺兰山紫蘑菇就在树下涌出，紫蘑菇量大味美，此外，松乳菇、锈色口蘑等食用菌产量很大，只是知名度不如紫蘑菇罢了。

» 贺兰山马鹿（纪录片《贺兰山》剧照）

» 贺兰山岩羊（纪录片《贺兰山》剧照）

　　曾经有一段时间，贺兰山区过度放牧，二十余万只家羊上山，与贺兰山岩羊争食，使得贺兰山生态环境严重恶化，生态植被严重破坏，贺兰山岩羊濒临灭绝，一度剩下不到

» 贺兰山岩羊（纪录片《贺兰山》剧照）

扫一扫　看视频
贺兰山岩羊

一千六百只。岩羊被称作贺兰山的精灵，属国家二级保护动物，被世界自然保护联盟动物生存委员会列为低危物种。如今岩羊数量已恢复到三万只左右，从三关口到贺兰口，从浅山到山谷，到处都有它们矫健的身姿，核心区域岩羊种群密度高达每平方公里八到十二只，居世界岩羊分布区之首。在贺兰山区，除了岩羊，还栖息着马鹿、黑鹳、金雕、大鸨等国家重点保护动物，多达二百一十八种。

贺兰山从远古开始就有着丰富的动物资源，这一点从考古上也得到了证实。1985 年，在贺兰山下的西河桥村，中国科学院古脊椎动物与古人类研究所的专家进行了一场考古挖掘，出土了大批犀牛、剑齿虎、三趾马、大角鹿等古动物化石，经推断，这些远古动物在贺兰山一带生存几千万年，大概在十万到十五万年前灭绝。

犀牛、剑齿虎等大型动物化石说明远古时期贺兰山一带气候湿润，水草丰茂，有大量湖泊河流存在，而这些也为古人类的生存提供了条件。

1923 年，宁夏境内出现了一支驼队，他们打出一面由红、白、蓝三色组成的三色旗，上面绣着"法国进士"、"中国农林咨议"，为首的是一名法国人。宁夏地方政府不明就里，以为是来自京城的外国高官，不敢怠慢，以很高礼遇招待他们。当年九月十九日，驼队来到了距贺兰山数十里外的一个叫作水洞沟的小地方，住进当地一家叫作"张三小店"车马店中，店主人叫作张梓。当时从银川到陕北，一路荒芜，很少有人家，"张三小店"处在前不着村后不着店的地方，为过往赶路行人提供一个歇脚的地方，店面很简陋，就是提供一处通铺大炕和供客人做饭餐的灶台，如果客人有临时需要，店主可以帮忙外出采购，而就是这家无名小店，注定由于这帮人的入住而被后世记住。

» 法国古生物学者、考古学者桑志华

驼队为首的那个法国人叫作桑志华（Emile Licent），法国著名地质学家、古生物学家、考古学家。他可根本没中过什么进士，倒是货真价实的博士，因为当时普通中国人脑海中，还没有博士的概念，他就套用了中国人熟悉的进士，至于"中国农林咨议"不过是他从当时北洋政府农林部讨取的一个虚衔罢了。1914 年，桑志华以法国天主教耶稣会神甫的身份来到中国，从事田野考察和考古工作，在中国的多年生活经验，使他对中国人情世故很有了解，因此，他每次出行打着那面旗子，写着两个看似不伦不类的头衔，在今天看来有点滑稽，但在当时，对他起到了很大的帮助作用，免于沿途地方势力的阻挠。

桑志华之所以出现在水洞沟这种无名小地方，一切还要从 1923 年初的一次会面说起。桑志华在天津遇到一名叫作肯特的比利时传教士，他刚从西北传教回来。在闲谈中，肯特提到一件三年前在宁夏传教时遇到的往事，他当时从银川出发前往陕西，途经灵武水洞沟，发现了一个披毛犀的头骨，还有一件石器。

当时许多来华的传教士为了更好传教，大多有一定的科学知识，肯特也不例外，他敏锐觉察到这里可能有古代人类活动的痕

» 法国古生物学者、考古学家德日进

迹，但由于他不是专业考古学家，所以只是心中存疑罢了。

肯特无意中的谈话，引起了桑志华的注意，他很快决定亲自到宁夏探个究竟。与桑志华同行的还有一名著名的法国学者德日进，德日进毕业于巴黎大学，取得地质学博士学位，是著名的地质学家，同时也是一名杰出的思想家。由于发表许多支持进化论的观点，德日进被教廷斥为异端，禁止讲学和发表文章，这对一个学者来说是多么痛苦的事，所以他辗转来到中国，前后居留长达二十三年。也正是他，最早在中国境内发现了古人猿头颅化石，并命名为"北京猿人"，是中国旧石器时代考古学的开拓者和奠基人之一。英国史学家汤因比称他"既是科学家，又是思想界的巨人"。

桑志华和德日进住进"张三小店"后，夜来无眠，便一起到外散步。九月的秋夜，天气已经变凉，苍穹夜幕，繁星满天，他们走到附近一条由于河流长期冲刷而自然形成的河沟。这里距明长城不远，河沟由于河流长期冲刷自然形成，四下一片宁静，处处荒凉，秋风萧瑟。

当他们走到一处断崖时，猛然发现磷光点点，长期的考古经验，使他们凭直觉感到附近有尸骨，于是他们给了店主张梓五块银元，搬来一架梯子，爬上梯子想看个究竟。张梓不明白这两个洋人为何大半夜不睡觉瞎折腾，不知搞什么名堂，但也懒得问，按照他们吩咐去做。

　　当天夜里，桑志华和德日进就在断崖开始挖掘，并成功挖出一枚动物头骨化石。在以后四十五天里，科考队严密控制现场，除了不谙人事孩童外，成人一律不准靠近。桑志华和他的科考队员从水洞沟先后发掘出三百多公斤石器和破碎的动物化石，石器中包括石核、刮削器、尖状器等，足足装了八九箱，然后雇了八九头骡子驮了回去。

　　当时的中国，战乱不止，在宁夏地区，也是匪徒横行，谁也没留意桑志华和德日进开展的这次科考挖掘活动。后来的历史会记住，这两个法国人，将在古人类考古史写下辉煌的一页。桑志华和德日进这次科考活动开启了水洞沟考古活动序幕，他们挖出的那三百斤石器改写了中国历史，同时也彻底颠覆了中国没有旧石器时代文化的论断。

»　水洞沟遗址远景（纪录片《贺兰山》剧照）

后来桑志华和德日进还对今天内蒙古乌审旗大湾沟一带进行了广泛科考，收获颇丰，发掘出了大量动物化石，还发现了一枚孩童牙齿化石。桑志华在这些科考基础上，在天津成立了北疆博物院，用来收藏包括来自水洞沟等地挖掘出来的化石。

　　就在桑志华四处筹资建立北疆博物院的时候，德日进将主要精力花在撰写《中国旧石器时代》这本专著上。1928 年，由步勒（M.Boule）、步日耶、桑志华和德日进合著的《中国旧石器时代》出版，这是首部关于中国史前考古的学术专著，尽管德日进在作者署名上排行末尾，但据我国当代著名的旧石器考古学家、古人类学家高星对作品研究分析，这本书写作过程中，德日进发挥了主导作用。

　　《中国旧石器时代》在对水洞沟石器研究结论中提出"它代表着中国石器时代文明的发展时期"，"处在很进化的莫斯特文化和正在成长的奥瑞纳文化之间，或者是这两个文化的混合体"，对中国

» 水洞沟遗址博物馆（纪录片《贺兰山》剧照）

旧石器文化与欧洲的旧石器时代进行了对比。这次科考的成果，至今仍然对东、西方远古文化的关系和人类群体的迁徙乃至基因交流的研究产生着很大的影响。

莫斯特文化最早发现于法国多尔多涅省莱塞济附近的勒穆斯捷岩棚，约始于十五万年前，盛于八万至三万五千年前。莫斯特文化广泛分布在欧洲、北非和近东，是旧石器时代中期的代表性文化。

奥瑞纳文化，最初发现于法国南部加龙河上游图卢兹附近的奥瑞纳克山洞，故而得名。它主要分布在欧洲，西亚也有类似的遗存。年代约距今三万四千年到两万九千年。奥瑞纳文化石器主要是用石叶制成的，有端刮器、吻状刮削器和各式雕刻器等。

从贺兰山到巴黎盆地，其间直接距离四千公里，在三万年前同时出现如此相似的文化，这两者之间有何内在关联？

这个疑问困惑着考古学界及古人类学者们，他们的目光始终没有远离水洞沟。1960 年，中国和苏联组建的中苏古生物考察队开始对水洞沟开展第二次发掘。苏联队伍拥有拖拉机、铲车等重型器械装备，他们在桑志华和德日进发掘坑位的旁边挖了个长宽各六米、深十一米的探坑，挖出约两千件石制品。

可是没过多久，中苏两国关系恶化，苏联中途撤走专家，没有形成任何科考报告，只留下了一堆机器，后来被拉回银川，最后不了了之。不过在这次科考活动中，发生了一件意外的事，由于苏方坚决不允许中国地方人士参与，有个叫王振海的科考队司机，百无聊赖中就到附近晃悠，无意中在离水洞沟不远的一处沙滩上捡了一些石块，现场专家看到后很惊奇地发现，这些石块是有着明显莫斯特文化特征的石器，但它们与水洞沟出土石器相比，明显年代要晚一些，这也算是这次科考活动的一个意外收获吧。

1963 年 8 月，由裴文中院士带队的中国科学院古脊椎动物与古人类研究所来到水洞沟，开始第三次系统的发掘。裴文中是驰名中外的古人类学家，他参加了著名的北京周口店古人类遗址挖掘，并与德日进有过工作配合，并成功发现了第一具北京猿人头盖骨。

裴文中当时穿着打过补丁裤子，一双旧布鞋，朴素的衣着，谦和的态度，给当时参加科考的人员留下了深刻的印象。一个多月的研究发现，水洞沟遗址并非是完全意义上的旧石器遗址，还有新时期特征的磨制石器出现，说明水洞沟遗址处于新旧石器过渡阶段，横跨两个阶段。

后来，著名考古学家贾兰坡 1974 年也对水洞沟进行考察发掘，和前两次一样，同样没有出正式的挖掘报告。水洞沟南面是一条涓涓细流，但要是遇到骤雨，水面陡增，不时地有塌方事件发生，对水洞沟遗址构成很大威胁。为了保护遗址，免遭洪水的破坏，1980 年，由宁夏博物馆联合宁夏地质局，在馆长钟侃的主持下，对"水洞沟遗址"进行了历时一个月的考古工作。这是对水洞沟遗址的第四次较大规模的挖掘。这次挖掘通过碳 14 检测出了水洞沟上下不同遗存的年代，通过土壤标本鉴定了水洞沟一带的植物种类，并形成考古报告发表在《考古学报》上。

2003 年，水洞沟遗址迎来第五次挖掘，本次挖掘规模为历次最大，持续时间最长，由

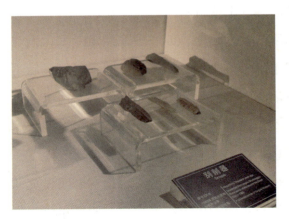

» 水洞沟遗址出土石器——刮削器
（宁夏博物馆藏品　李金海摄）

宁夏文物考古研究所和中国古脊椎动物与古人类研究所联合挖掘，本次挖掘队员是科研院所工作人员和高校研究生组成，前后历时四年，十余家考古院所和高校参与。

经过五次考古挖掘，接近一个世纪的研究，水洞沟遗址共出土了三万多件石器和六十七件古动物化石。其中，一些石制品、工具及石器与和欧洲、西亚、北非的莫斯特、奥瑞纳时期人类栖居地的石器相比，毫不逊色。尤其是出土的大量勒瓦娄哇石核，与欧洲奥瑞纳文化形状接近。对这种地区相隔遥远、文化雷同的现象，国外考古专家认为是人类"大距离迁徙的同化影响"。

值得注意的是，在水洞沟遗址发现了几十件环形装饰物，都是

» 水洞沟考古发掘现场（张碧迁提供）

用鸵鸟蛋皮加工而成的，大小跟成人拇指盖差不多，均有琢击、打磨的痕迹，中间钻孔，还有的被赤铁矿粉染过。它的成形明显都经过修型、钻孔、磨光、上色等多道工序，如此技术娴熟、标准化的加工，很可能是当时批量加工的，说明水洞沟先民已经有了审美意识，至于它们的用途，可能是作为一个部族的标志物，或者仅仅是个人装饰品。

对于水洞沟文化起源，学术界有争议，有学者认为，是当年走出非洲的古人类，通过漫长岁月，一路迁徙，到达今天水洞沟地方，而由于水洞沟以东再没有出土莫斯特文化遗址，所以认为水洞沟是东迁的最后落脚点。也有中国学者认为水洞沟文化起源于本土，是华北传统旧石器文化的一个变体，是中华民族源远流长文化的一部分。至于最终真相，只有期待在下次发掘出现新的奇迹，或许在不远的未来，真相会大白。

我们不妨想象一下，三万年前的水洞沟一带，宁夏古人类的生活图景，到处是高大的树木，水草丰茂，各种动物嬉戏其间，而生活在这里的先民们，暗中手持石器，等待猎物到来。

三、神奇的岩画

贺兰山巍峨耸立，大大小小山口布满山间，岩石坚硬无比，经过亿万年大自然的演变，许多岩石好似刀劈斧凿。就在这些岩石和峭壁上，先民以岩画的方式留下了远古的生活气息。岩画某种意义上也可称作刻画，因为它们中相当大部分是刻画在岩石上的。

中国传统史书，很少有当时人民的具体日常生活的记载，更别说远古没有文字时代。岩画中反映当时社会生产的方方面面：生产方面有表现狩猎、放牧、农业等；反映宗教信仰的，包括祖先崇拜、祭祀仪式等；还有表现日常生活娱乐、舞蹈等。岩画就是用图像记载在崖石上，反映先民日常生活的史书。

全世界最早的岩画据说已有四万年的历史，直到近代，世界上有些原始部族仍在刻画，如今，已发现的岩画遍及世界五大洲，主要集中分布于欧洲、非洲、亚洲的印度和中国。

欧洲岩画主要分布在地中海沿岸地区，早期岩画，始于旧石器时代，持续到中石器时代，主要在法国的南部和西班牙北部的法兰克—坎塔布利连地区的洞窟中。除此以外，在意大利、罗马尼亚、葡萄牙的洞窟中也发现过岩画。晚期岩画，从中石器时代到有文字的历史时期，主要以露天岩刻为主，遍布许多欧洲国家。欧洲岩画

» 贺兰山山谷（纪录片《贺兰山》剧照）

» 贺兰山（纪录片《贺兰山》剧照）

的主要题材是动物，表现的动物形象常处在怀孕期，反映了当时人们希望动物繁殖的观念。

贺兰山麓从古代就是羌戎、月氏、匈奴、鲜卑、铁勒、突厥、党项等北方少数民族游牧狩猎、繁衍生息的地方，他们将生活中的喜怒哀乐用粗犷的线条留在了贺兰山岩石上。其实人们很早就注意到岩画的存在，南北朝时期著名的水利学家郦道元，在他考察黄河一带山脉时，看到山间岩石有鹿、马等岩画图案，留下"河水又东北，历石崖山西，去北地五百里。石之上自然有纹，尽若虎马之状，粲然成著，类似图焉，故亦谓之画石山也"的记载。

然而，国内研究贺兰山岩画起点有点晚，直到上世纪八十年代，国际上仍然视为岩画空白区。贺兰山岩画发现完全是一个偶然机会，当时发现者是一个叫李祥石的年轻人。

李祥石 1965 年从宁夏大学中文系毕业，先在中学当老师，后又自学中医，到天津医学院进修，在医院从事了两年医疗卫生工作。1969年，李祥石被上级派到贺兰山下的贺兰口生产队，搞社教工作。

工作之余，李祥石信步到贺兰山口游玩，贺兰山口一带山势险峻，树木葱茏，景色宜人，李祥石不觉走出很远，在途中，无意中一瞥，看见一块巨大山石上刻画的许多动物——牛、马、羊鹿、骆驼、老虎等，五花八门，还有看不出具体是何物的奇怪野兽。

这些动物形态不一，姿态多样，有的静立，有的奋蹄奔跑，有的安卧，有的进食，姿势各异。面对这些刻在石头上的画，李祥石感到很诧异，好奇心促使下，他顺着山沟往前走，一路上又发现了不少石头画。

天色将晚，意犹未尽的李祥石回到村里，吃饭期间，他对村干部饶有兴趣地谈起了自己的发现，并打听这些画谁刻的，村干部也不甚了解。这让李祥石感到更加好奇，他打听到村里有一位八十多岁的伏姓老人，便想老人家见多识广，没准能从老人那里问出个所

» 如今的李祥石（纪录片《贺兰山》剧照）

以然来，所以他便特意上门请教。

老人身板硬朗，年轻时常到山里打猎，见闻广，他回忆说，贺兰山口山石上的那些画在他很小的时候就有了，曾问爷爷，他爷爷说那些画他小时候就有，可见这些画年头久远。

和老人一番谈话，李祥石愈加觉得这些画神秘，想更进一步探个究竟。本来工作已完成，他就要回去报道，但不弄明白这些刻在石头上的画，他实在不甘心，便对同行领导软磨硬泡，同行领导经不住他一再请求，便同意他再待一天，自己先赶回去。

次日，李祥石再次来到贺兰山口，深入山谷中，他发现不但在路边的石头上，甚至高处的崖壁上也刻了大量的图案，画的题材不但有动物，还有各种人物形象，其中有的牵手舞蹈，舞姿轻盈，美妙多姿，可以感受到当时欢快的场面，还有一些画面上的人双手做合十状，貌似在祈祷。

扫一扫　看视频
贺兰山岩画

这次短暂的贺兰山之行很快结束了，但却注定让李祥石在以后的生涯中与贺兰山岩画联系在一起。

1978年，李祥石偶然间看到一篇介绍阴山岩画的文章，仔细看完，觉得与贺兰山口那些刻在岩石上的画非常相似，他现在才明白，原来这种艺术叫作岩画。此后，他着迷了一般，常在贺兰县城到贺兰山口之间往返，用相机拍了大量岩画素材。

在经过多年研究后，1983年9月，李祥石将自己多年研究成果写成《宁夏贺兰山贺兰口岩画调查报告》，寄到《文物》编辑部。《文物》编辑部觉得事关重大，将调查报告转到宁夏博物馆，进一步确认和完善调查报告内容。

贺兰山岩画直到此时才引起学术界的注意，宁夏文物考古界才

西夏文的岩画

动物打斗的岩画（张碧迁提供）

题材的岩画（张碧迁提供）

»　着装人形的岩画（张碧迁提供）

知道贺兰山有岩画存在。李祥石本人也从此走上专职研究岩画的道路，在以后长达四十年的岁月中，他孜孜不倦研究贺兰山岩画，成了岩画研究界专家，学术成就硕果累累。

从上世纪八十年代起，对贺兰山岩画的宁夏文物科考工作开始有组织、有系统地展开。对每个山口的岩画采取编号登记，先后共发现岩画两万多幅。

在南北长两百多公里的贺兰山，从北到南的十多个山口中，共发现二十余处遗存岩画。贺兰口岩画最具代表性。在贺兰山树林口、黑石峁、归德沟、贺兰口、苏峪口、回回沟、插旗口、西蕃口、口子门沟、双龙山、黄羊山、苦井沟，都发现有岩画群存在。可以说几乎洒满贺兰山的每条山谷，每道山梁，有的刻在悬崖峭壁上，有的刻在道路旁山石上，还有的绘在洞穴之内，可以毫不夸张地说，贺兰山就是一座岩画之山。

贺兰山岩画内容包括先民生活的方方面面，有狩猎的，有巫术

» 贺兰山岩画太阳神

祭祀的，有舞蹈的，还有械斗场面。狩猎岩画画面上，有单人追逐猎物，也有群体围猎，生动再现了狩猎是那个时代主要的生产生活方式。祭祀则是上古时期主要的精神生活活动，贺兰山岩画中有大量表现祭祀内容的岩画，画面中巫师大多曲肘向天举手，五指叉开，向上天祈祷。贺兰山岩画风格上，与欧洲、非洲远古壁画有相似之处，却别具一格，特点鲜明，动物的象形图案，线条简单抽象，但自我特征明显，涵盖了自然崇拜、生殖崇拜、图腾崇拜、祖先崇拜等方面的文化内涵。

贺兰山岩画中有一类特别引人注目，那就是人面像。这种人面像并不是简单的写实人像，而是反映先民的鬼神崇拜，许多人面像象征太阳神、月神等，供当时氏族部落膜拜。2013 年底，在一次岩画普查中，宁夏银川贺兰山岩画管理处工作人员发现一幅高一米二、宽一米零五的人体岩画，这是迄今为止在贺兰山发现的最大人体岩画。

动物画像在贺兰山岩画中占了相当大的比例，其中有犀牛、大角鹿、盘羊等，说明上古时期，贺兰山一带水草丰美，大量野生动物在这里出没，后来在西河桥考古中发现了大量犀牛、大角鹿、盘羊等动物的化石，证实了岩画的内容的真实性。

尽管对贺兰山岩画研究不断深入，但对贺兰山岩画创作最早年限目前尚有争议，还无法得出一个确定答案，有学者主张除了少量岩画属于旧石器时期晚期，大部分属于新石器时期，还有少量作品属于青铜时代、铁器时代，也有若干作品出自秦汉之后，甚至是更晚到宋、元、西夏时期。不过也有学者认为最早不会早于新时期时代晚期，或是不会早于商周时期。

但毫无疑问，贺兰山岩画是我国北方民族文化传承的一部史诗，是数千年甚至上万年来，曾经在贺兰山一带生活过的先民共同创造的精神财富，是人类史前时期的艺术珍品。他们有的已完全消失在历史长河中，有的已逐渐融入中华民族的血脉中，但他们以岩画的方式将足迹留在了贺兰山深处，留在了中华大地上。

中国岩画研究学者对贺兰山岩画的数十年研究，取得的成果令世界同行刮目相看，他们主动收回以前中国是岩画空白区的错误判断。2008年7月9日，第三届国际岩画研讨会在贺兰山下的古城银川召开，这是国际岩画研讨会连续第三次在银川召开，国际岩画学术界用这种方式向贺兰山致敬。

1997年，联合国教科文组织国际岩画委员会主席克罗斯先生将宁夏贺兰山岩画点纳入了非正式的世界文化遗产的名单中，充分肯定了贺兰山岩画所蕴含的文化遗产的巨大价值。

同时，中国岩画学术界为贺兰山岩画申遗工作奔走呼号，其中就包括研究贺兰山岩画长达四十年的李祥石，他如今已是世界岩画

» 银川

研究会高级研究员，而他对贺兰山岩画的关注，数年来如一日。如今贺兰山岩画已经越来越受国际关注，在世界岩画界享有盛誉，相信在不远的将来，贺兰山岩画必将进一步走向世界，让全世界人民认识博大精深的中华远古文化。

第二章

朔方屏障

贺兰山下，是游牧和农耕两种文明的交汇地，

也曾经是草原民族和中原王朝的征战沙场。

秦汉以降近两千年中，贺兰山聆听过悠扬的牧歌，

也目睹了金戈铁马、征战不休，

经过碰撞与交融，最后铸剑为犁。

唯有遍布宁夏平原、历代兴建的长城，

默默向世人倾诉着那遥远的岁月。

一、贺兰山上的月亮

"驾长车，踏破贺兰山缺"，民族英雄岳飞这句脍炙人口的词，表达了一种不屈的精神，一种昂扬的斗志，在神圣的抗战岁月中，许多热血青年正是高唱岳飞的《满江红》奔赴抗战前线的。在为数众多的吟诵贺兰山的诗词中，它是最为国人熟知的，或者说，正是这句词，让广大中国人民记住了贺兰山。

稍微对历史有所了解的人都知道，当时岳飞率领大军抵抗的敌人女真人来自东北白山黑水，与西北的贺兰山没有直接联系，而且作为一名文武全才的统帅，岳飞不可能不知道这点基本知识。贺兰山，自古以来就是北方游牧民族和中原农耕民族战争频仍之地，中国的所有大山中，几乎没有一座山，像贺兰山那样，一直处于战争的状态中，所以用征服贺兰山来表达抗争的意志，是再贴切不过的了。岳飞无意识之作，让贺兰山进入国人心灵，千百年来，唤起无数人的情感共鸣。

» 岳飞像

　　贺兰山气势雄伟，如骏马奔腾，耸立于宁夏回族自治区与内蒙古自治区交界地带，海拔两千至三千米之间，阻止了东南季风的西迁，降雨云系至此，已成末势，造就了宁夏平原"塞上江南"的美誉。自有信史记载起，水草丰茂的贺兰山地区，不同时期，各不相同的游牧族群在这里逐水草而居，过着属于他们的生活，而且，贺兰山毗邻水草丰茂的河套平原，是游牧民族肥美的牧场，贺兰山一带是他们的人间天堂。

　　自古以来，贺兰山就是北方游牧民族进入中原的必经之路，也是关系中原农耕民族安危的屏障，被历代中央王朝视为中原的门户，一旦失去贺兰山，就意味着关中腹地敞开胸膛，随时就有北方游牧民族举着弯刀，挟着漠北草原的风尘呼啸而来。

　　早在商周时期，在包括今天宁夏在内的北方地区就有鬼方、猃狁、西戎等大量游牧民族出现。西周时期，国力强盛，开始四方扩张，据《后汉书·西羌传》载，周穆王时期，因为西戎拒绝进贡，便对其发动讨伐战争，"至穆王时，戎狄不贡，王乃西征犬戎，获其五王，又得四白鹿，四白狼，王遂迁戎于太原"。西戎被周穆王强

制迁往太原，据后人考证，此处太原，位于今天宁夏固原一带。周宣王时期，对位于贺兰山南部的猃狁发起战争，结果战争失利，便在今天宁夏固原一带筑城，防御猃狁的反攻。此后

» 清版《汉书》《后汉书》

随着宣王去世，由于常年战争，周朝国力急促下滑，边境收缩。

　　而西戎逐渐壮大，后来，西戎的一支——犬戎攻入镐京，周幽王被杀，西周灭亡，周室被迫东迁，中原进入春秋战国时期，诸侯国之间兼并战争不断，无暇顾及北方游牧民族，就在此时，位于今天宁夏南部和甘肃东部的义渠戎乘机壮大，不断发起对秦国的袭击。

　　当时秦国全力应对与山东六国的战争，根本无力两面同时作战。秦昭襄王时期，为了稳住义渠，秦宣太后不惜委身义渠王。义渠王被眼前的胜利所麻痹，等到秦国取得对六国压倒性优势后，宣太后立刻将义渠王诱杀于甘泉宫，彻底消灭义渠国。

　　义渠亡国后，部族星散，在草原上想要生存下去，只能投靠更强大的势力，据史学家蒙文通的著作《周秦少数民族研究》，落魄的义渠人，北上"以后为匈奴，居河套南北"。一些人逃到了贺兰山，从此，贺兰山成为匈奴人的天下。

　　消灭义渠国，秦国彻底解决了后顾之忧，在以后几十年内全力对付山东六国，公元前221年，秦始皇一统六国，中国历史上迎来了第一个大一统王朝。虽然统一了中原，然而来自北方的威胁并没有解除，北方此时一个强大的游牧帝国也开始崛起，它就是赫赫有

名的匈奴。

中国历史上，中原农耕区和北方游牧区，第一次迎来两大帝国同时崛起，两强相遇，必将有一番较量，而贺兰山不可避免地被推到了最前沿，成了秦匈两强争雄的暴风眼。

早在战国时候，匈奴趁着中原诸侯国混战之际，不断发动对中原秦、赵、燕三国的袭扰，而三国腾不出手来对付匈奴，便在沿边地带修建长城，被动防御匈奴。

秦始皇统一中国后，决定挟战胜六国之威，主动发起对匈奴的反击战。

» 战国时期兵器（宁夏博物馆藏品　李金海摄）

公元前 220 年，中原战事刚结束的第二年，秦始皇决定亲自巡视西北，率领大秦虎狼之师，出咸阳，经陇西，折北抵达北地郡，穿越六盘山间鸡头道，抵达萧关（今宁夏固原）。在过六盘山时，秦始皇举行了隆重祭祀朝那湫（今属甘肃省庄浪县）仪式。

此次，秦始皇名义上是巡边祭祀朝那湫，实际上是对北方匈奴的一起军事示威，向匈奴展示新兴大秦帝国的军事实力。与此同时，秦始皇下令将原来秦、赵、燕三国的长城连接起来，打造一条对匈奴的强大军事防御体系。

秦国早在惠文王时期，就开始修建长城，至今宁夏固原还有战国时期秦国修建的长城遗址，而秦始皇大规模修建长城开启了后世历代中原王朝修建长城的先河。此后在贺兰山下，一道道长城

扫一扫　看视频
固原秦长城遗址

建成，随后废弛，然后又重建，绵延不绝，时间长达近两千年。长城的规模也是随着中原王朝势力的变化，不断推进或收缩。宁夏国土面积六万多平方公里，在五个自治区中是面积最小的一个，在全国所有省区市中，也是国土面积排在末尾，但就在这区区数万平方公里的土地上，历朝共修筑了一千五百多公里的长城。修建城墙关隘，在世界古代史上并不少见，但像宁夏境内如此大规模的，在世界范围内也属罕见。

然而，长城的建成并不能保证万无一失、万事大吉，最好的防御是进攻。秦始皇三十二年（前215年），秦始皇派大将蒙恬率领三十万大军北伐匈奴。为了保证后勤补给，秦始皇下令修驰道，从咸阳直达上郡（郡治肤施，今陕西榆林市南）。

蒙恬率领的秦军都是历经百战的精锐之师，猝不及防地杀出，让匈奴措手不及，远遁黄河以北，以避秦军锋芒。秦帝国遂取得河南地（今河套平原，黄河以南地区），沿河置四十四县，自此贺兰山以东的宁夏平原开始纳入中原版图。

面对失去水草丰美的河南地，匈奴自然不甘心，不断骚扰驻守秦军。因匈奴不断来攻，秦始皇三十三年（前214年），秦始皇复命蒙恬率军北渡黄河，取高阙（今内蒙古狼山中部计兰山口），攻占阳山（今内蒙古乌加河北的狼山、阴山）、北假（今乌加河以南夹山带河地区），置九原郡（郡治九原，今内蒙古包头市西北）。匈奴难敌秦军的进攻，只得继续向北迁徙，后退七百余里。

河南地远离关中腹地，靠内地供应，无疑是一极大负担，当时天下初定，修长城，修驰道，修骊山陵墓，还要南下平定岭南，开凿灵渠，秦国国力扩张和民力使用已达到极限，所以靠内地供应来保障河南地秦军后勤，很不现实。为了巩固河南地区，秦始皇将内地居民迁徙到河南地，一边在黄河两岸筑亭障、修城堡，一边兴修水利，开荒屯垦。

紧接着，蒙恬下令修建从云阳（今陕西淳化县）直达九原的驰道，这样一旦边境有事，信息直接通过驰道从九原传达到咸阳，这也是历史上第一条横穿宁夏的"高速公路"。

随着河南地农业的发展，昔日风吹草低见牛羊的牧场，出现麦浪起伏的田园，中原先进农业技术开始在宁夏平原传播，促进了当地的开发。自此以后，贺兰山脚下，与中原内地紧密地联系在一起了。

河南地的开发，为中原人士和北部游牧各族交流提供了条件。贺兰山一带盛产骏马，因此，贺兰山很快成为中原军队军马基地，拥有贺兰山，就意味着中原王朝军马装备有了保障。渐渐地，农业和牧业交融发展，边塞隘口互市、榷场逐步而成，促进了边境贸易，各族人民得到进一步融合。

在传统说法中，蒙恬发明了毛笔，其实毛笔在蒙恬出生前，早就广泛使用。目前，已在楚国墓地发现战国时期的毛笔，而后来发现的甲骨文中，就发现刻画文字上有用朱砂填充过的，说明早在商朝，毛笔就已经大量使用。

虽然毛笔不是蒙恬发明，但有可能他对毛笔做出了改良，其中有一种可能，秦军占领河南地后，他发现当地洁白细长的羊毛，便在制作笔头时，除了兽毛，再掺加了当地的羊毛，这样的毛笔，既有良好的弹性，吸墨性能又好，写出的字，字体饱满，遒劲有力。蒙恬造笔的传说，某种意义上就是当时中原文明和游牧文明交流的一个佐证。

然而，没过多久，秦始皇去世，秦二世即位，诛杀蒙恬，骄横暴虐，天下鼎沸。陈胜、吴广发动农民起义后，驻守河南地守军南下镇压起义，造成边境空虚。匈奴趁势卷土重来，秦朝戍卒逃散，亭障废弛，移民逃亡，新开垦的田地被迫荒废，秦对宁夏的统治不过昙花一现，河南地重新回到了匈奴手中。然而，秦朝留下的足迹并未完全消失，今天在宁夏灵武地区尚有秦渠遗址。贺兰山的月亮，见证了那段短暂而又辉煌的历史。

二、萧关逢候骑

秦朝灭亡，中原楚汉争雄之际，匈奴迅速壮大，匈奴迎来历史上最伟大的单于——冒顿单于。秦夺取匈奴河南地的时候，一方面，秦军骁勇善战；另一方面，当时匈奴三面环敌，南面有步步紧逼的大秦，东有咄咄逼人的东胡，西有随时窥伺的月氏，因此，匈奴被迫让出河南地。

秦二世元年（前209年），在月氏做人质的冒顿，从月氏逃回匈奴，杀父头曼单于而自立，紧接着发兵突袭东胡。东胡猝不及防，东胡王被杀，东胡部属族众及牲畜尽为匈奴所有。随后，冒顿单于又乘胜西攻河西走廊月氏，月氏大败，被迫西迁，远走他乡，匈奴解除了两面威胁。至此，匈奴拥有南起河套平原、北抵贝加尔湖、东达辽河、西逾葱岭的广大地区，号称有控弦之士三十余万，成为北方草原上最强大的游牧民族。现在，冒顿面对的强敌就剩下南面的中原王朝了。

此时，不可一世的秦帝国已经崩溃，楚汉争雄，交战正酣，根本无力北顾，匈奴乘机驱逐了秦朝在河套一带的势力，重新占领河南地，贺兰山下又成了匈奴人的牧场，宁夏北部大部分成为匈奴楼烦王、白羊王领地，而在宁夏南部，新兴的汉朝基本承袭了秦的地方建制。

待到汉高祖平定四海，建立汉朝后，中原久经战乱，民生凋敝，根本无力组织一次对匈奴的大规模反击战。匈奴和大汉双雄对峙，但由于对对方势力和底细不甚了解，所以双方都比较谨慎，不敢贸然出手。

汉高祖七年（前200年），韩王信叛逃，勾结匈奴，造成边境空虚，冒顿单于闻讯，立即南下包围马邑（今山西朔州），围攻晋阳（今山西太原），汉高祖亲率三十二万大军北上迎敌。高祖自恃戎马一生，对匈奴多少有些轻敌，不料被冒顿四十万骑兵围困白登，七日未脱身，差点全军覆没。

白登之围，汉朝领教了匈奴强大骑兵的威力，所以，高祖以后数代帝王采用和亲政策笼络匈奴。不过，匈奴对汉小规模骚扰从未停止，汉文帝十四年（前166年），匈奴老上单于亲率大军十四万对朝那（今宁夏固原彭阳县）、萧关（今宁夏固原东南）、彭阳（今甘肃镇原县东）发起攻击，北地郡太守孙印以身殉国，匈奴一路长驱直入，毁城邑，抢庄稼，大肆劫掠人口，经过汉军将士顽强还击，才将匈奴驱逐塞外，此次袭扰，破坏极大，损失惨重，汉廷朝野震动。不过，总体而言，大规模战争一直没发生，为汉朝赢来了数十年宝贵的休养生息机遇。

此时，匈奴人占据贺兰山，坐拥河南地，这里地势平坦，水草丰茂，土地肥沃，可耕可牧，黄河贯穿其间，蜿蜒曲折，水流平缓，航运通畅，是肥得流油的黄金土地。自匈奴占领河南地以后，贺兰山下成了匈奴重要养马基地，为匈奴源源不断供应优良战马。此外，匈奴骑兵从这里出发，疾驰一日，便可攻袭汉上郡、北地郡，进而南下直逼汉朝首都长安。面对匈奴占领河南地，汉廷上下一直犹如芒刺在背，匈奴当然也深知这一点，为了保住这块富庶之地，免遭汉军攻击，他们采用声东击西战术，长期攻击汉朝东部边境，拖住汉朝大量部队，使汉军无法集中精力攻击西部河南地。经过匈奴数十年的经营，贺兰山下牛羊遍野，成了匈奴人的乐土家园。

等到汉武帝即位后，经过文景之治，国库充实，社会经济已基本恢复，面对匈奴的长期袭扰，汉廷上下已是忍无可忍。作为一代雄才大略的帝王，汉武帝决定发动对匈奴的反击，以洗刷数十年的耻辱。经过综合考虑，武帝决定先从河南地开始突破匈奴防线，断其臂膀。

汉武帝元朔二年（前127年），匈奴又从东部边境入侵上谷郡（今河北省怀来县东南）、渔阳（今北京市密云县西南）。武帝决定

» 贺兰山（纪录片《贺兰山》剧照）

不能再让匈奴人牵着鼻子走，采取你打你的、我打我的战术和匈奴东侵、汉军西击的作战方略，发起河南战役。武帝命令卫青出征，统率大军从云中（治今内蒙古托克托东北）沿黄河北岸急行军，绕到匈奴后方，从灵武境内架桥渡过黄河，率大军翻越贺兰山，这是中原王朝军队旗帜第一次在贺兰山上迎风展开。遥想当初，卫青率领汉家儿郎越过贺兰山时一定豪情万丈，但他们没有在贺兰山做过多停留，马不卸鞍，一举占领高阙（塞名，位于今内蒙古锦杭后旗东北），驻守河南地的白羊王、楼烦王与单于王庭的联系被切断。

随后，卫青率兵南下，沿黄河直达陇西（治今甘肃临洮），完成对匈奴白羊王、楼烦王的包抄。等白羊王、楼烦王意识到身陷重围时，已经为时过晚，仓促之间组织部属迎战，一战即溃不成军，只得纠集残兵败将逃遁。本次战役，汉军歼敌数千，缴获牲畜十多万头，全部收复了河南地，是对匈奴开战以来，汉军首次取得战略决战的胜利。

河南地之战，武帝从战局上一改汉军以往作战思维模式，伏击、阻击、增援等这些作战方法被抛弃，而是采用长途奔袭、迂回包抄的运动作战方式，等到匈奴反应过来，意识到汉军的作战意图后，早已陷入汉军重围，战争胜负大局已定，整场战争主动权牢牢掌握在汉军手中。占领河南地，极大拓展了汉朝的战略纵深，为关中腹地增添了一道屏障，保证了长安京畿地区的安居乐业。

武帝采纳中大夫主父偃的建议，在河南地设置朔方（治今内蒙古锦杭旗北）与五原（治今内蒙古包头西北）两郡，命令将军苏建率领十多万人修筑朔方城（今内蒙古乌拉特旗南），招募内地十多万人，移民定居朔方实边，并重新修缮秦时所筑的旧长城。将汉朝对匈奴防线直接推到贺兰山脚下，自此之后，贺兰山成了汉廷北部的一道雄伟屏障，汉军在此建立了反击匈奴的基地，匈奴对汉朝关中腹地和首都长安的威胁彻底解除，汉匈之间的作战局面得到彻底扭转。

收复河南地，内地移民屯垦，很快人口恢复，荒芜已久的田地被重新开垦，农业生产得到恢复。元鼎三年（前114年），武帝下令改变原来的地方建制，将原北地郡一分为二，设安定郡，治所高平（今宁夏固原市城关），原北地郡治所则迁到今天甘肃庆阳一带。

» 砖雕作品固原古城（纪录片《贺兰山》剧照）

丢失贺兰山，失去河南地，又眼睁睁看着汉设置朔方、五原郡，稳扎稳打，匈奴有切肤之痛，自然不甘心。于是趁汉军消化战果之际，决定反扑，其犹如受伤的狼群，更加凶猛、残忍，频频南下攻袭汉境，打算重新夺回失地。

扫一扫　看视频
固原古城

元朔三年（前126年）冬，军臣单于死，指定接位的是太子于单，但军臣单于的弟弟左谷蠡王伊稚斜不服，直接驱逐于单，自立为单于。伊稚斜初立，急于立威，便全线出击并亲自率领匈奴数万骑兵杀入代郡，太守共友殉国。

元朔四年（前125年），匈奴出动近十万大军，分兵三路，进攻代郡、定襄、上郡。元朔五年（前124年），匈奴右贤王率部攻入河南地，袭击朔方郡，掠杀军民无数。面对匈奴疯狂的反扑，武帝为确保河南之战的胜利成果，果断发起漠南战役。

元朔五年春，汉军兵分两路，主力由卫青率领，统辖苏建等四位将军，率三万骑兵出朔方，攻击匈奴右贤王部；另一支军队由将军李息、张次公率领，出右北平（治今辽宁平泉北），进击匈奴左贤王，牵制其兵力，策应卫青军的进攻。

卫青大军经朔方出高阙后，向北出边塞六七百里，直奔右贤王王庭。右贤王做梦都没有料到，汉军半夜从天而降，突然发动了猛烈的攻击。尚在醉梦之中的右贤王被惊天动地的厮杀声吓醒，匆忙与爱妾及数百名骑士仓皇跨上战马，向北突围而去，其部众从裨王以下一万五千多人，牲畜十多万头都被汉军俘获。李息、张次公统率的东路军也取得了胜利。

漠南战争的胜利，保证了河套平原牢牢掌握在汉军手里。漠南战争后，单于主力远徙漠北后，在大漠以南的广大地区仅剩匈奴左贤王及河西浑邪王、休屠王的军队。匈奴单于为了重新夺回河南地，命令河西匈奴军不停袭扰汉朝。于是，武帝将下一个打击目标指向了河西，发起河西之战的统帅则是在漠南之战中锋芒初露的霍去病。

在祁连山与合黎山之间的长达千里狭长地带，由于位于黄河之西，称为河西，又因为是中原地区通往西域的咽喉要道，被称河西走廊。从祁连山千年积雪融化的条条河流灌溉着肥沃的土地，耕牧适宜，战略地位非常重要，自古以来便是兵家必争之地。

河西地区原来是大月氏部族的领地，后冒顿单于打败大月氏，迫其西徙，这里为匈奴占有。匈奴单于命浑邪王统治酒泉及周围地区，休屠王统治武威及周围地区，控制西域各国，并南与羌人联合，从西面威胁西汉王朝。

元狩二年（前121年）春，霍去病被任命为骠骑将军，率领万骑出陇西北上击匈奴。汉军越过乌鞘岭，渡过狐奴水（约流经今甘肃民勤、武威一带），辗转征战于匈奴五个小国之间，抗拒者以武力征服，降服者则予以安抚，经过六日激战与安抚之后，五小国都被汉军控制。

随后，霍去病越过焉支山（今甘肃山丹县大黄山）千余里，与匈奴浑邪王、休屠王的部队鏖战于皋兰山（其地不详，应在今甘肃西北部，非今兰州附近皋兰山）下，短兵相接，数战数捷，杀匈奴折兰王、卢侯王，俘获浑邪王子及相国、都尉等，斩获虏首八千九百多级，并缴获休屠王的祭天金人而归。

本次战役，汉军深入匈奴境内两千余里，几乎贯穿整个河西走廊，取得了胜利，河西匈奴军遭到沉重打击。由于采取正面进攻，未能聚歼匈奴主力，汉军虽胜，但也战死七千余人。霍去病班师后，汉武帝下诏，益封二千户给霍去病，以表彰他首次独立出征建立的功勋。

为彻底占领河西地区，同年夏，骠骑将军霍去病与合骑侯公孙敖率汉军第二次发兵河西，开始了夺取河西地区的战役。分道从北地（治今甘肃庆阳西北）出击，不料，公孙敖部一出北地就迷失了方向，霍去病没有等到公孙敖前来会和，便独自率领所部精锐骑兵继续依原定作战计划，出北地后向西北挺进，途经灵武，渡过黄河，跨越贺兰山，横穿浩瀚大漠，抵达居延泽（今内蒙古额济纳旗一带）后转向西南，经过小月氏（未西迁的月氏人，在今甘肃酒泉一带），再由西北转向西南，长驱深入两千余里，绕到匈奴军队后方，在祁连山与合黎山之间的觚得（今甘肃张掖西北）一带对从浑邪王、休屠王军侧背发起猛攻。

在汉军精锐骑兵的猛烈攻击下，匈奴军队根本无力抵抗，很快就一败涂地，被汉军斩杀三万两千多人。匈奴单桓（匈奴王号）、酋涂王、相国、都尉等见大势已去，率领两千多人向汉军投降，匈奴五王、王母、单于阏氏、王子等贵族五十九人，相国、将军、当户、都尉等官吏六十三人都被俘获。

霍去病率领一支孤军，在河西地区转战两千多里，以伤亡三千多人的代价，一举歼灭匈奴部署在河西的主力部队，取得河西之战的决定性胜利。武帝得知河西大捷后，增封霍去病五千四百户以示嘉奖。鹰击司马赵破奴与校尉高不识被封为列侯。

浑邪王、休屠王接连吃败仗，损兵折将，河西危在旦夕，伊稚斜单于大怒，欲召浑邪王、休屠王至单于庭惩处。两人惊恐不已，便在同年秋天密谋降汉，派遣使者与大行李息接洽。武帝得到报告后，疑其中有诈，便命令霍去病率领大军前去受降。休屠王又忽然反悔，被浑邪王所杀，兼并其部众，前往黄河西岸降汉。霍去病已率大军渡过黄河，与匈奴军遥遥相望。浑邪王部的一些裨王见到汉军心怀恐惧，有人开始遁逃，部众也出现骚动。霍去病当机立断，率精兵驰入匈奴营中，将浑邪王置于监护之下相见，斩杀欲逃跑者八千多人，局面立刻稳定下来。

浑邪王降汉后，调至长安，武帝封为漯阳侯，在浑邪王、休屠王故地设置酒泉、武威、张掖、敦煌四郡，将关东数十万贫民移徙，充实其地。河西四郡的设置，断绝匈奴与羌人的联系，打通中原与西域的交通。从此，汉将河西纳入管辖之下，汉朝的使者、商队、军队，通过河西走廊源源不断地奔赴西域，匈奴在河西势力彻底瓦解。

浑邪王其余部众分别安置在陇西、北地、上郡、朔方、云中五郡，按照匈奴旧俗、官号，置五属国，设属国都尉治理。其中安定属国就设在今天宁夏同心县清水河之东，匈奴在其属国内保留其游牧生活方式和原来习俗不变，与汉地来的中原移民长期共同生活，双方的生活习俗也相互渗透，促进了民族融合。

河南、河西战役之后，匈奴在漠南的两大战略要地——河南、河西地区均为汉军占领，匈奴主力被迫远离汉边境，转移至漠北地区，匈奴对汉中部及西部边境的威胁基本消失。

汉占领贺兰山，霍去病直接翻越贺兰山，为夺取河西赢得了战略先机，从此汉军因为空添河南和河西两大天然牧场，为汉军输送大量优良战马，为汉朝建立强大的骑兵部队奠定了基础。此后，汉匈双方实力的对比彻底扭转，此后匈奴逐渐衰落，汉占据上风，把握了战争主动权。

在以后，随着河南地的农业开发，贺兰山下，原先是一片荒无人烟的草甸区，呈现出"冠盖相望"的初步繁荣景象。汉武帝为了巩固边防，向匈奴显示汉廷的强盛，从元鼎五年（前112年）至后元元年（前88年）的25年中，先后六次出萧关，至安定郡，巡视边塞，如此频繁地巡视同一个地方，这在历代帝王中也是极其罕见的，足见武帝对安定郡的重视。

元鼎五年，武帝初次巡视安定郡，文武百官相随，数万大军护卫，登临崆峒山，出萧关，过安定郡郡治高平，一路向北，他想亲眼看看这里移民后的发展情况，至河套，一路千里，发现竟然没建亭徼，防务松懈，一怒之下，下令处死北地郡太守，可见当时在武帝心中，将安定郡提高到关系全国安危的高度，此时的固原，这座贺兰山南部的城邑是名副其实的关中门户。

一座山的得失，直接决定了汉匈两大帝国的兴衰。从秦汉到隋唐的将近一千年的时间里，在贺兰山下的宁夏平原，农耕和游牧这两种生产方式，一直都在交流与融合中难分彼此，也在不断的发展中创建了共同的家园。而贺兰山下牧场一直保留了两千多年，直到上世纪六十年代，中国人民解放军还在贺兰山组建了军马场，为我军后勤保障做出了贡献。新世纪，随着军队机械化改革，骑兵作为一个古老兵种，慢慢淡出了人们的视线，而贺兰山军马场也完成了它的历史使命。

三、灵台凯歌入

公元220年，东汉灭亡，在以后长达三百年岁月中，除了西晋的短暂统一外，中国进入漫长大分裂时期，政权更迭频繁，战乱不止。在这期间，匈奴、羌、鲜卑、粟特、吐蕃、突厥、铁勒、高车、丁零等北方众多少数民族纷纷南迁，进入黄河流域，并建立政权，中国历史进入空前的民族大融合时期。公元407年，原匈奴部族首领赫连勃勃建立大夏国，定都统万城（今陕西榆林靖边北），一度占据宁夏全境。

此时，宁夏成了民族大熔炉，既有来自遥远西亚的波斯人，也有来自贝加尔湖一带的铁勒人，还有来自东北大兴安岭一带的鲜卑人，其中鲜卑人后来建立北魏，并消灭了各个割据政权，统一了中国北方。北魏末年分裂为东、西魏，接着又双双被北周、北齐取代，公元581年，北周外戚杨坚篡周，改国号为隋，紧接着，隋灭北齐，并积极为南下灭陈做准备。

在中原大分裂之后，即将重新迎来大一统前夕，北方草原也出现了一个强大的游牧政权——突厥。突厥本为北魏时北方游牧强国柔然的奴隶部族，后来随着柔然的衰落，它便脱离柔然建国。公元

» 河西走廊湖泊

552年，突厥打败柔然，建立起幅员广阔的突厥汗国。

北齐、北周对峙之时，为了取得突厥的支持，两国都采用纳贡和亲政策，争取将突厥拉拢到自己一边。突厥则利用周齐之间的矛盾，有时联齐伐周，有时又助周伐齐。两国都惧怕突厥，对其极力讨好。突厥他钵可汗得意说："但使我在南两儿（指北周、北齐）孝顺，何忧无物邪。"他钵可汗死后，其侄沙钵略继承汗位，北周将宗室女嫁给沙钵略，两国联姻，关系自然密切。

隋朝建立后，文帝杨坚决定不再对突厥纳贡送礼，使沙钵略非常不满，他便借口隋朝取代了自己的联姻国北周，于开皇二年（582年）从木峡（今宁夏固原西南）、石门（今宁夏固原西北）二道纵兵南下。一时间"武威、天水、安定、金城、上郡、弘化、延安，六畜咸尽"，自此突厥成为自匈奴以后中原政权最大的威胁，贺兰山下的宁夏平原成了突厥和隋朝对决的最前沿。

隋文帝面对突厥的频繁骚扰，决定坚决反击，以燕山山脉、阴山山脉、贺兰山山脉为屏障，布防防线，防止突厥入侵。开皇三年（583年），隋军兵分八路，出塞攻击突厥，其中一路军在贺兰山一带歼灭突厥千余人，隋军反击突厥取得初步胜利。隋文帝派大军反击突厥，同时采用"远交近攻"的策略，对突厥内部进行分

» 隋文帝

化活动，在利诱之下，沙钵略可汗的叔侄纷纷背叛，面对外有隋军的高压进攻，内部的分崩离析，沙钵略只好向隋致书请和。

　　隋文帝深知突厥强大的军事实力，没有因为沙钵略的妥协而放松警惕，为了防止突厥随时南下入侵，于开皇五年（585年）下令司农少卿崔仲方发兵丁三万在灵武一带修筑长城。次年，又征丁十五万，在险要地带修筑城堡，短短几年内，构建了完备的军事防御体系。

　　灵州一带水草丰茂，为戍边将士提供了充足的粮草、马匹，后勤无虞，进可攻，退可守，可以做到"北扼大漠，南拱关中"，隋朝在灵州的建设，为后世奠定了基础。

　　公元618年，李渊代隋，建立唐朝。鉴于灵州处于防御突厥前线的特殊性，唐廷下诏将灵州郡改为灵州总管府，建立军政一体的行政建制。灵州，这座贺兰山下军事重镇，在唐朝迎来它的黄金时代。终唐一代，近三百年，先后四位皇帝来过灵州，出过无数

»　贺兰山上成群的野马（纪录片《贺兰山》剧照）

名将，还有大唐许多重量级的文人墨客在这里写下了许多不朽的诗篇。

唐高祖李渊在太原起兵初，派人出使突厥，甚至低声下气，不惜称臣。然而，唐廷的忍声吞气，并未换来和平。突厥人明白，只要中原建立统一的强大中央王朝，突厥就不可能像以往那样为所欲为，因此趁着唐朝初建，立足未稳，扶植其他势力与唐相抗，并连年袭扰内地，掠夺人口和财富。唐高祖武德四年（621年），突厥以万骑进犯原州，尉迟敬德领兵抗击。武德五年（622年），突厥颉利可汗又遣数千骑兵进入灵州、原州（今宁夏固原）等地劫掠。武德七年（624年），突厥颉利、突利二可汗联手，倾全国兵力，入寇原州，直逼长安，唐廷上下惊慌失措，有大臣甚至提出迁都洛阳，以避突厥兵锋。

在以后几年中，当时宁夏境内，突厥铁骑往来驰骋，遍地狼烟，原州、灵州及贺兰山一带，到处都是唐军与突厥拼杀血战的沙场。"贺兰山下阵如云，羽檄交驰日夕闻。"大诗人王维的诗句正是这段烽火连天岁月的真实写照。

武德九年（626年），颉利可汗率领二十万大军攻袭灵州，大肆劫掠，掠夺人口。面对突厥的强大攻势，加强灵州的防御迫在眉睫。当年四月，唐廷任命大将李靖为灵州总管。李靖率领唐军迎战突厥，双方大战于灵州硖石（今宁夏青铜峡），激战至日暮，突厥最终不敌逃遁，这是唐朝对突厥取得的第一次胜利。

武德九年六月四日，秦王李世民发动玄武门之变，杀死太子李建成和齐王李元吉。两个月后，李世民登基，是为唐太宗。突厥得知唐廷发生政变，想趁着太宗即位之初，人心浮动，发动对唐战争，于是长驱南下，下泾州，过武功，抵达关中腹地。八月二十四

日，突厥前锋军队至长安附近高陵。太宗命令骁将尉迟敬德率军至泾阳御敌。尉迟敬德与突厥军队在泾阳激战，两军交锋，尉迟敬德勇不可当，歼灭突厥骑兵一千余人，活捉突厥将领阿史德乌没啜。

泾阳小胜，无法遏制突厥人的前进步伐，此时，突厥颉利可汗的主力抵达渭水，逼近长安城。

» 唐太宗像

突厥二十万雄兵，列阵于渭水北岸，旌旗蔽日，人欢马嘶，一眼望不到边。

当时，京城长安兵力空虚，人心惶惶不可终日。在这千钧一发之际，太宗无奈之下，决定设疑兵之计，豁出去一搏，便亲率高士廉、房玄龄等六骑，轻装至渭水边，与颉利隔河相望，慷慨陈词，指责颉利背信弃义。不多久，唐军赶至太宗背后，颉利可汗远望唐军军容整齐，士气高昂，看不出丝毫怯意和慌乱，疑心唐军有诈，便下马拜服，请求与唐结盟。于是双方在渭水桥杀白马盟誓，突厥遂撤兵而归，但突厥在回归途中，仍然一路烧杀抢掠。很显然，渭水之盟，并不是和平之盟约，而是屈辱的城下之盟。随后不久，唐廷设立灵州大都督府，任命任城郡王李道宗为大都督。太宗皇帝任命一位亲王直接担任灵州最高军政长官，一方面是自己的这位堂弟，长期参与戎机，具有优秀的军事才华；另一方面也是表明对灵州的重视和反击突厥的决心。不过，当时由于内部未稳，暂时无力发起对突厥的战争。

隋末天下大乱，群雄并起，刘武周、梁师都、窦建德、刘黑闼、高开道等割据势力为了壮大自己，争相与突厥结盟，并称臣纳贡。突厥自然乐得通过这些代理人参与中原事务，实现利益最大化。至贞观初年，依附的突厥势力主要是梁师都，所以太宗决定先消灭梁师都，削弱突厥在中原影响。此时，突厥起了内争，东西分裂，两汗并立，颉利可汗和突利可汗之间矛盾不断，唐军乘机灭了梁师都。

贞观三年（629 年）十一月，东突厥将军雅尔金和阿史那杜尔率军进扰河西。肃州（治酒泉，今甘肃酒泉）守将张士贵、甘州（治张掖，今甘肃张掖）守将张宝相坚壁清野，最终使突厥人无功而返。太宗以突厥袭扰河西为借口，发兵六路讨伐东突厥。任命李靖为定襄道行军总管，尉迟敬德、苏定方为副，率领中军；徐世勣为通漠道行军总管，张公瑾、高甑生为副，从东路率主力进攻东突厥腹地；柴绍为金河道行军总管，秦叔宝为副，沿黄河前进，配合李靖、徐世勣，与之遥相呼应；李道宗为大同道行军总管，张宝相为副，从灵州往西北挺进；卫孝杰为恒安道行军总管，程知节为副，镇守燕云地区严防突厥人向东逃窜；驸马薛万彻为畅武道行军总管，段志玄为副，借道东北出击突厥后方，监视突利可汗。六路大军，共十余万，都由李靖统一调度。

贞观四年（630 年）正月，李靖率三千骁骑突袭定襄城（今内蒙古和林格尔西北土城子），颉利可汗被突然杀到的唐军惊得手足无措，慌忙将牙帐撤至碛口（今内蒙古善丁呼拉尔）。李靖又派人离间其部众，颉利的部族纷纷离散降唐。颉利不敢停留，继续率部向阴山撤退，在浑河边与柴绍的金河军交战，再败，逃遁。又在白道（今内蒙古呼和浩特西北）遭遇徐世勣截击，败退屯铁山（今内蒙古白云鄂博一带），收集余众数万。

二月，李靖与徐世勣率精骑万名，备二十天口粮，连夜出发，向铁山疾驰，适逢天降大雪，颉利以为安然无事，未加防备。李靖命偏将苏定方率二百骑为前锋，衔枚疾进，长驱直入，攻下突厥颉利可汗的牙帐，颉利带领数十名随从西逃，突厥军溃散，被歼万余人，被俘男女十余万，颉利可汗逃亡途中被唐将张宝相擒获，押赴长安。李世民对颉利可汗一番申斥之后，并没有处死他，他被封为归义王、右卫大将军，得以善终。突利可汗随后归降，被封为北平郡王。突厥大将执失思力、阿史那杜尔、阿史那思摩以及契苾何力等悉数归降，都受到唐朝的重用。

唐初对灵州地位一再升迁，而且历任灵州长官都是身世显赫，有名将如李靖、尉迟敬德，还有宗室，太宗堂弟任城郡王李道宗，甚至太宗的妹夫驸马薛万彻也派到灵州来做灵州大都督。为何一座城，如此受重视？

灵州固然有防御突厥南下的城防功能，但后来的事实证明，突厥完全可以绕开灵州，直扑关中腹地，甚至直逼长安城下，但唐廷并没有下令灵州守军回援京城，这又是为何？

要揭开这些谜底其实并不难，试想唐朝初建，历经隋末战乱，民生凋敝，人口锐减，太宗如何在短短几年内组建起一支强大的骑兵，敢于长途奔袭，一举消灭强大的东突厥？

要知道训练骑兵主要装备是马匹，而关中腹地不具备大规模养马的条件，就算征集民间马匹也无法建立一支快速作战骑兵部队，因为农家圈养的马匹用来耕田，用它做驮用，保证长途后勤，恐怕都难以胜任，更别说用来做战马，长途奔袭，因为无论它的速度还是耐力都达不到要求。

那么唐军骑兵从哪里来？

还要把目光投向灵州，公元618年，李渊在长安称帝，改隋为唐，当时天下，稍微有点实力的割据势力都称王称帝，李渊只不过是其中之一，开始并不看好他的人大有人在，更多人在观望。此时，原来隋朝派到灵州巡视长城的窦抗率先率领灵州、盐川两郡官署归顺唐朝，一举为唐朝在西北打开了局面。作为西北重镇，灵州的归附，对巩固西北边防具有重大意义。

李渊李世民父子，对突厥骑兵的威力非常了解，当时中原尚未统一，但作为创业之主，他们心中必然有远大战略，料定一旦中原平定，与突厥必有生死一战。要战胜突厥，必须建立强大骑兵，所以完全可以认为，从李渊父子收复灵州时起，就在此建立一个秘密的军马基地，在灵州与隔河相望的贺兰山一带天然牧场里，一直进行军马养殖，并将灵州作为反击突厥的前哨，从这个角度就不难理解，李唐王朝为何如此重视灵州。

唐以后，灵州一带被党项西夏占领割据，宋朝因为丧失了贺兰山，再也训练不出一支强大的骑兵，以至于历次对外作战屡战屡败，成为历朝中原大一统王朝中最积弱的一个，而唐朝在经历安史之乱后，正因为灵州的存在，还能东山再起，中兴大唐。

唐灭东突厥以后，突厥降众达十万余人，唐廷将他们安置在黄河以南和长城沿线之地，设立顺、祐、化、长羁縻四州，任命突利可汗为顺州都督，统领旧部。羁縻四州内，由原突厥贵族担任长官，按照突厥习俗进行统治，这些昔日桀骜的草原雄鹰，大唐帝国强劲的对手，转化成了大唐的臣民，而太宗自始至终待他们一如内地百姓。太宗设置羁縻州制，为今天民族自治制度之雏形，为少数民族地区管理开创了一种新的管理方式，为后世做出了有益的探索。在东突厥故地，设立定襄都督府和云中都督府。

唐朝消灭东突厥，为另一只游牧民族薛延陀提供了崛起机会，它趁机填补了突厥留下的空白。薛延陀本为铁勒诸部之一，由薛、延陀两部合并而成。在漠北土拉河流域，过着逐水草而居的游牧生活，突厥强大后，被迫役属于突厥。

贞观二年（628年），众铁勒部落劝薛延陀首领夷男称汗，夷男犹豫不决，没敢接受。唐太宗为了联合薛延陀对付突厥，册封夷男为真珠毗伽可汗。随着薛延陀逐步强大，它的野心也在膨胀，将众多铁勒部和突厥部落纳入属地，不断扩张领土。

东突厥灭亡后，突厥部属除了归降大唐外，大部分投降了薛延陀，薛延陀势力进一步壮大，但表面上对唐朝还是很恭顺，仍臣服于唐。薛延陀的崛起，引起了太宗的警惕，贞观十二年（638年），唐廷册封夷男的儿子拔灼和颉利苾为小可汗，表面上尊崇，其实想离间他们父子关系，扩大内部分歧，达到削弱薛延陀的目的。

为了进一步制衡薛延陀，贞观十三年（639年），太宗册封原东突厥贵族阿史那思摩为新东突厥可汗（即俟力苾可汗），居于漠南，作为唐和薛延陀之间的缓冲区，真实目的就是监视薛延陀，引起薛延陀可汗夷男的极大不满。

贞观十五年（641年），夷男派儿子大度设攻打阿史那思摩政权。阿史那思摩不敌，撤回长城内，抵达朔州（今山西朔州），向太宗求援。太宗派大将李世勣、张俭、李大亮、张士贵和李袭誉率军迎战薛延陀，击溃大度设。夷男病故后，他的嫡子拔灼杀庶长子曳莽，自立为可汗。拔灼残暴，喜怒无常，许多部下被无辜诛杀，人心惶惶。

贞观十九年（645年），太宗正在征辽东，拔灼趁机攻打夏州，被唐守将执失思力打败，拔灼兵败逃走，逃亡途中被回纥所杀。拔灼死后，薛延陀诸部相互攻伐，引发内乱。次年，太宗乘薛延陀内乱之机，派李道宗、薛万彻、李勣攻击，彻底消灭了薛延陀。

薛延陀灭亡后，在漠南漠北辽阔土地上，没有一支强大的力量，群龙无首，大小部落无所依附，契丹、回纥等十一部上表归顺大唐。太宗由于常年征战，身体多病，但依然决定抱病赶赴灵州受降。

太宗沿泾水北上，二十二日至泾州，二十八日过陇山（六盘山），经原州，于贞观二十年（646年）九月十五日到达灵州。此时，来参见的各部族首领达数千人。诸部首领尊太宗为"天至尊"、"天可汗"（意即至高无上的共主），并表示"子子孙孙常为天至尊奴，死无所恨"，太宗允从将这些部族列入大唐州县的请求。众部族头领举杯拜

» 唐太宗灵州会百王（纪录片《贺兰山》剧照）

贺太宗，太宗兴之所至，现场即兴赋诗一首："雪耻酬百王，除凶报千古。昔乘匹马去，今驱万乘来。"令人勒石纪念此次盛会。

灵州会盟是唐太宗开明民族政策的象征，也是一次民族团结的盛会。此后，西北各民族与唐朝关系日益融洽，灵州地区人民得以休养生息，当地农牧业迅速发展，唐代边疆出现稳定，各民族安定团结。

第二年，太宗为安置铁勒内附部落，设立六府七州，在灵州界置皋兰、高丽、祁连三州，属灵州都督府管理。各民族首领向太宗建议设置"参天可汗道"，太宗同意，于是一条北自大漠南北出发，经过灵州，直达关中到长安的道路形成，沿途设置驿站，备有马匹与食物供应往来使者，此后商旅使者，不绝于途，太宗真正做到了他的誓言："自古皆贵中华，贱夷狄，朕独爱之如一，故其种落皆依朕如父母。"太宗死后，甚至不少少数民族头领要求殉葬，这在中国历史上绝无仅有的。

从此，困扰隋唐数十年的北方游牧民族袭扰边境问题得以基本解决，实现了胡汉一家、天下一体的盛景，宁夏境内进入了一个稳定发展的时期。

四、神兵动朔方

大唐经太宗、高宗开疆拓土，讨平了东西突厥、薛延陀等，解除了外敌威胁。至玄宗即位之初，唐朝拥有极为辽阔的版图，国力鼎盛，成为当时世界上最强大的帝国。

　　由于没了北方游牧民族的袭扰，太宗以后几十年，在今天宁夏境内，各民族和睦共处，民生富足，与全国一样出现了盛世景象。高宗咸亨三年（672年），灵州各民族大家庭中又新添成员，是来自青藏高原青海湖一带的吐谷浑。吐谷浑本是起源于东北鲜卑一支，西晋时，由首领吐谷浑带领从辽东一路迁徙，抵达青藏高原东部，在祁连山脉至青海湖一带建国，后世以首领吐谷浑名字为族号和国号，强盛时据有今天青海、甘南和四川西北地区，国土纵横两千里，是西北一个强大的游牧国家，曾与隋唐联姻，被封为青海国王。

　　唐朝初年，随着吐蕃逐步强大，在青藏高原不断开土拓疆，吐谷浑屡遭攻击，国土日渐缩小，最终不敌吐蕃，这个立国前后达三百年的国家最终衰落，便向唐廷请求内附。高宗决定在灵州鸣沙

» 青海湖（大型纪录片《神秘的西夏》剧照）

县东设置安乐州，派大将苏定方护送迁徙，以吐谷浑王诺曷钵为安乐州刺史，子孙仍世袭青海地号，吐谷浑此后在这里安居乐业。吐谷浑有名马青海骢，日行千里，乃天下名驹，随着吐谷浑迁徙，必然一起来到灵州，来到贺兰山下，在这里找到了新的牧场。

1974年，宁夏同心县下马关乡赵家庙村发现一处夫妇合葬唐墓，根据出土的墓志铭得知墓主为诺曷钵孙子慕容威夫妇，再次证实了这段历史。

灵州是名副其实的民族大熔炉，各民族在这里交往、融合，和睦共处，最终成为中华民族大家庭的一员。

俗语说，创业容易守成难，这句话用来形容唐玄宗很贴切。玄宗即位之初，任用姚崇、宋璟等贤相，一改前朝奢靡等积弊，厉行节俭，提倡文教，经济迅速发展，百姓安乐，将唐朝推向了鼎盛，史称"开元盛世"。

然而，随着国家稳定，海内无事，时间久了，玄宗逐渐丧失上进精神，耽于享乐，听不进去忠言，宠幸杨玉环，疏于国政，政治日渐腐败。国政先后交由李林甫、杨国忠把持，这两人一个只顾专权，一个唯知敛财，忠贞之士遭到打击排斥，奸佞当道，朝堂上一片乌烟瘴气，文恬武嬉，这就为边将安禄山叛乱埋下了伏笔。

唐初，由于版图的空前扩大，考虑到加强对边疆的控制、巩固边防和统理异族，地方军官需要能够随机应变处理突发事件的权力。为了加强边疆管理的自主性，开元十年（722年），玄宗在延边地区，设十个兵镇，由九个节度使和一个经略使管理，其中在灵州地区设朔方节度使。节度使，不仅管理军事，兼管辖区内的行政、财政、户口、土地等大权。节度使因集军政大权于一身，逐渐雄踞一方，尾大不掉。

唐朝实行府兵制，全国近一半兵力部署在关中，拱卫长安，但随着节度使的设立，多数军队被布置在边疆地区，造成关中腹地兵力布防薄弱，此时边镇兵力达到五十万人，其中，安禄山一人兼任平卢、范阳、河东三镇节度使，拥兵二十万，而朝廷在关中兵力则不足八万，安禄山自恃兵强马壮，逐渐滋生野心。

天宝十四载（755年）十一月初九，安禄山以"奉密诏，讨伐杨国忠，以清君侧"为借口，于范阳（今北京）发动叛乱，当时天下太平，军民不知刀兵已久，河北州县很快沦陷，当地太守、县令大多或逃或降。

玄宗下诏封郭子仪为朔方节度使，讨伐叛贼，郭子仪和李光弼分兵进军河北，朔方军多是灵州兵，灵州诸胡杂居，民风彪悍，因此灵州兵战斗力非常强。郭子仪在常山（今河北正定）击败安禄山部将史思明，收复河北。但此时，叛军已经攻陷潼关，长安危在旦夕。

得知潼关失陷，长安无险可守。天宝十五载（755年）六月十三日，玄宗带领太子及亲信大臣仓皇出逃。至马嵬坡（今陕西兴平西北附近），扈从士兵发生哗变，杀杨国忠父子，逼死杨贵妃。

关中父老得知玄宗父子要奔蜀，便苦苦挽留。民心难违，玄宗遂留下太子李亨善后，并特意告诫太子，自己以前待西北诸戎狄优厚，如今国难当头，可以发动他们，然后，父子二人兵分二路，玄宗入蜀、太子李亨北上。李亨曾担任朔方节度大使，在陇西、朔方一带有一定民望，所以决定北上灵武。

在李亨北上途中，安禄山叛军已经攻占长安，在长安城中大肆抢掠，无暇顾及其他，也为李亨转移提供了条件。李亨一行抵达渭水时，河水暴涨，桥梁已冲断，也无船只渡河，此时又遇到从潼关战败逃散的兵丁，误以为是赶来的叛军，双方激战，伤亡惨重，后来招募了渭水附近居民三千人，勉强渡河。

在北上途中，不时遇上从战场战败失散的小股官兵，双方分不清敌友，误以为是敌人，因此在逃亡途中，几乎无日不战，一路仓皇，有时竟有百战，夜间不得食。从奉天（今陕西乾县）经永寿（今陕西永寿县），一夜急行军三百余里，一路狼狈不堪，途中士卒折损过半。为了鼓舞士气，李亨在队伍中散布"有白云起西北，长数丈，如楼阁之状，议者以为天子之气"的谶语，以凝聚人心，暗示大家，自己有可能做皇帝，那时候大家就是从龙之臣。

李亨北上，路过兴平郡和安定郡时，太守薛羽和徐毅都打算弃城而逃，李亨一怒之下，下令处死。六月十八日抵达乌氏县（今宁夏固原东），彭原太守李遵带领手下出迎，并献上衣物和粮食。李亨一路缺衣少食疲惫不堪，总算得到补充，人也开始缓过劲来，并在当地招募了数百名士卒。六月十九日抵达平凉郡（今宁夏固原县高平镇），李亨检查朝廷在此地马监，发现马匹数万，心下稍安，觉得中兴唐室有望，并在当地招募五百名士兵，因为一路多见郡守叛逃，李亨对灵武军民态度不明了，所以在平凉郡盘桓不前。

朔方留后杜鸿渐得知太子李亨北来，在平凉郡踯躅不前，便与六城水运使魏少游、节度判官崔漪、支度判官卢简金、盐池判官李涵等人商议，大家认为，平凉不宜屯兵，灵武军粮充足，可迎接太子至灵武号召天下，征调河西、陇右劲骑，南下消灭叛军。众人都同意杜鸿渐的意见，便南下迎接李亨。七月九日，李亨到达灵武。七月十二日，李亨在众人劝进下，在灵武城的南门城楼，宣布称帝，改年号为至德，是为唐肃宗，遥尊玄宗为太上皇。

肃宗灵武即位后，在灵州设大都督府，相当于临时中央政府，封郭子仪为兵部尚书、灵州大都督府长史。此时，突厥阿史那从礼率五千突厥骑兵赶到，紧接着，河西节度副使李嗣业也亲领五千士卒前来，郭子仪从河北调回五万朔方军，又向回纥借兵，加上灵州留守将士，总兵力达十五万之众。肃宗在大唐倾危、天下分崩离析的严峻时刻，带领这支由汉人、突厥人、回纥人、吐蕃人等多民族组成的胡汉联军，在灵武举起平叛的大旗，给全国臣民带来了复兴的希望，增强了与叛军决战到底的信心。

灵武这个边疆重镇，一时间成了大唐帝国的焦点，成了大唐希望所在，义无反顾地担当起中兴大唐的重任，成为中兴大唐的圣地，许多爱国志士都纷纷前往灵州效力。在这些人中，就有大诗人杜甫，他听到肃宗灵武继位消息后，激动地写下"近贺中兴主，神兵动朔方"的诗句，尽管他本人在赶往灵州途中，被叛军扣压，没有成行。

镇守灵州的朔方军随后跟随肃宗和郭子仪离开，南下平叛，这是自大唐建立一百多年来第一次，在这以前，即使突厥兵临长安也没出现过这种情况。在贺兰山下出现了巨大的空白区，自然会引起别人的觊觎，不过这次不是来自北方，而是来自西面青藏高原的吐蕃。

安史之乱历经八年最终平定，但昔日强盛的大唐帝国不复存在，自此由盛转衰。吐蕃趁着陇西和河西唐军被调到内地平叛之际，大肆扩张，占领陇西和河西，使得西域与中原隔绝。唐代宗广德元年（763 年），吐蕃长驱直入，逼临长安城下，代宗仓皇出逃，吐蕃随即占领长安，给唐廷以重创。吐蕃在长安搜刮十五日后撤退，向北进入六盘山一带。

灵州的重要地理位置，贺兰山下肥美的牧场，使得吐蕃垂涎三尺，但忌惮灵州朔方军的彪悍战力，不敢贸然进攻。就在此时，发生了朔方节度使仆固怀恩叛唐事件。仆固怀恩在安史之乱中，奋勇杀敌，全家四十六人为国捐躯，女儿也为"和亲"远嫁回纥，借得回纥兵入援，收复长安洛阳，平定河南、河北，为朝廷立下赫赫战功，却被人诬陷，一怒之下，举兵反唐。

永泰元年（765 年）九月，仆固怀恩引回纥、吐蕃、吐谷浑、党项、奴剌兵数十万入寇，逼近长安，不料途中染病，无奈返回，途中死于鸣沙（今宁夏青铜峡）。仆固怀恩死后，追随他的回纥、吐蕃等诸部族皆散去，灵州防守力量削弱。吐蕃以为时机成熟，大历二年（767 年）九月，便出其不意突然发起对灵州和邻州的攻击，战争进行月余，但始终没有攻破灵州，便在周边劫掠一番撤退。在以后长达三十年的岁月中，吐蕃几乎隔三岔五来攻打灵州，吐蕃几乎攻陷了无数大唐城市，其中包括两次攻陷长安，然而，在这场三十年战争中，灵武始终牢牢掌握在朔方军手里，从没有被攻破。吐蕃甚至一度攻陷灵州周边的夏州、盐州，但灵州始终岿然不动，直到吐蕃崩溃。灵州位置之险要，灵州兵战斗力之强悍，可见一斑。

灵州，这座贺兰山下的城池，被称作"关中之屏蔽，河陇之襟喉"。它西据贺兰之雄，东临黄河之险，初唐之时，为抗击突厥前沿阵地，在安史之乱中，为危在旦夕的帝国承担起绝地反击的大后方，在西北诸城尽皆沦陷于吐蕃，沦为孤岛之时，依然坚持抗争三十余年而不屈服。毫无疑问，在大唐帝国长达近三百年时光中，它就是帝国屏障。

诚如中兴大唐名将郭子仪所言："朔方天下劲兵，灵武用武之地，长驱一举，此逆胡不足灭也。"

五、长城博物馆

公元 907 年，朱温篡唐，中国进入五代十国时期，在短短数十年内，中原王朝不断改朝换代，此时，宁夏除了灵州孤悬西北外，其外地方尽陷吐蕃，党项羌乘机壮大。两宋之时，贺兰山下，党项人崛起，定都兴庆府，建立西夏王朝，前后长达近一百九十年。

蒙古人一统西夏、金、南宋、大理、吐蕃，建立元朝，实现了中国空前大一统，贺兰山成为腹地，战端暂息，社会秩序恢复稳定。然而，元朝不过区区九十余年即崩溃，蒙古人逃回塞外，重新返回大草原，明朝建立。蒙古人对失败并不甘心，不断从西到东，在明朝边境发起袭击，在正统年间，一度俘虏了明英宗，大明差点就被腰斩。

终明一朝，蒙古始终是头号威胁，所以防卫蒙古是明朝国防的头等大事，而宁夏再度成为防守蒙古最前沿，贺兰山下又开始大规模修建长城。

一部宁夏历史，毫不夸张地说就是一部修建长城的历史，战国、秦、汉、隋、唐都在贺兰山下修长城，前后时间长达千年，总长一千五百公里，因此，宁夏也被称为中国露天长城博物馆。宁夏长城地址的盈缩变化，见证国力的起落，前朝的长城倒了，后世就

» 烽燧（张碧迁提供）

在原址上重修，唐砖压汉瓦，层层叠叠，目睹了王朝的兴衰。历朝中，明朝将修长城推向了巅峰，明长城东起鸭绿江，西至嘉峪关，蜿蜒六千余公里，沿边设九镇，号称九边，派重兵驻守，九镇中宁夏境内就有两个，可见宁夏当时在对蒙古防御中的重要地位。如今留在宁夏的长城大多数都是明长城。

宁夏明长城全长四百多公里，分为西长城、北长城和东长城，从明成化年间一直修建到嘉靖年间，将近花了六七十年时间。东长城，被称为河东墙，总长一百八十公里，分布敌台五百零八座、烽火台六十七座、铺舍十二座、城址七座。它始于今天银川市临河镇横城村，经盐池县，进入陕西定边县。

据《资治通鉴》载，隋文帝开皇五年，由于突厥的频繁进攻，文帝下令在宁夏境内沿黄河修建长城，"使司农少卿崔仲芳，发丁三万于朔方、灵武筑长城。西距河，东至绥德，绵延七百里，以遏胡寇"。明长城，就是在隋长城基础上修建而成的。

明长城修建之初，一波三折。明成化八年（1472 年），都御史余子俊上奏朝廷，建议修筑边墙防御蒙古入侵。并提议，在长城遗址基础上，依照山形地势走向，在高山地区借助山势陡峭处，平坦处垒筑挖壕沟，延绵相接，形成边墙，这样可以节省不少工时，可以较快完成工程。

余子俊的意见遭到兵部尚书白圭反对，他认为，宁夏地区百姓连年遭蒙古劫掠，农业生产遭受极大破坏，民生异常艰难，如今再大搞工程，无疑对他们是雪上加霜，使他们生活更加困苦，所以要求暂缓工程上马。

然而正当明廷上下争论之时，蒙古铁骑又侵入孤山堡（位于陕西省府谷县），入侵榆林。蒙古骑兵神出鬼没，令明军疲于应付，余

第二章　朔方屏障

067

子俊此时再次上书要求修建宁夏长城，并指出，为了防止蒙古入侵，大量驻军，而军队马匹饲料却要从内地千里供应，无论是运输还是物资成本都很大，而且被动，浪费大量物力人力，但根本没有阻止住蒙古入侵的脚步，所以再次要求修建边墙。虽然仍有人反对，但这次明宪宗力排众议，支持余子俊，下令迅速进行工程建设。

　　成化十年（1474 年），余子俊发动兵丁四万人修建边墙，巡抚都御史徐廷璋、总兵官范瑾大力支持，因为这段边墙在黄河之东，故又称作河东墙。据《嘉靖宁夏新志》记载：（河东墙）自黄沙嘴起至花马池止，长三百八十七里。河东墙，是明朝在宁夏境内修建的最早的长城。此时，修建长城开始出现与过去不同的特点，每间隔三十里就筑造一座军堡，六十里修建一座城，一旦发现有敌情，白天举烟，夜间放火，可以相互驰援。

　　弘治年间，宁夏巡抚张桢叔在城墙外深挖坑，坑排列呈品字状，一方面可以做壕沟，也可以延缓蒙古骑兵的冲击力，高墙深壕，起到了很好的防护作用。

　　正德二年（1507 年），大明一代名臣杨一清受命总制延绥、宁夏、甘肃三边。杨一清曾督理陕西马政。明朝中期以来，西北马政怠疏，杨一清上任后，大力整顿，面貌为之一新，共为军队增加马匹九千匹，使川陕茶马贸易再度繁荣。所以他对西北军情很了解。他上任后，发现河东墙有些地方已经坍塌，有的地方已遭到蒙古人破坏，所以征集四万士卒和五万民夫，重新修筑花马池城，并计划花大力气修缮河东墙，为此，建议朝廷免除宁夏百姓一半赋税。当时正值权宦刘瑾专权，他与杨一清长期不和，诬陷杨一清贪污工程费，将其打入大牢，工程修建不得不中止。

　　但是，蒙古人的袭扰不会停止，当时，除了修建边墙，又没有

» 三关口遗址

什么可行的办法，所以建设还得进行下去。嘉靖十年（1531 年），陕西三边尚书王琼，再次上奏朝廷修建长城，在西段，从横城到清水营，沿用成化年间的边墙，清水营以东在原成化年间旧墙以南筑新墙，一直修到盐池，新墙墙高壕深，墙高三丈，沟深两丈，这种做法被称作"深沟高垒"，该墙当地人称为"头道边"。由于此段墙体土质呈现紫黄色，所以被称作紫塞，这也是目前宁夏境内保持最好的一段明长城。

王琼在任内，除了大力加强边防建设外，同时极力反对对蒙古闭关不与往来的做法。他明白蒙古对汉地的劫掠有其复杂性，其中一个原因，就是明廷断绝与蒙古的贸易往来，所以他主张在对侵袭严厉打击外，同时开放边境贸易，加大民族地区的往来，采用剿抚结合的两手办法，果然，王琼总制三边数年，宁夏地区边境关系缓和了不少。

嘉靖九年（1530 年），修筑北线长城，它西起贺兰山北，经惠农、大武口、平罗东至黄河西岸，总长二十公里，不过受数百年风沙侵蚀，毁坏严重，掩藏在田间地头，剩下一些断壁残垣，许多地方已被流沙埋没，断断续续。

相对于东长城和北长城，修建于嘉靖十年（1531 年）的西长城，直接修筑于贺兰山山间，长城走向与山脉走向几乎相同。在山口内修筑长城，山势险要处，则直接利用山体险阻，因此，贺兰山内长城，并不像河东墙那样蔓延连贯，而是时断时续，墙体材质也是就地取材。在山前平地上，多为夯土墙，用黄沙土夹杂小石块分段板筑而成。贺兰山较高的山体台地或山口之间，多用石块垒集而成。

» 三关口明长城（张碧迁提供）

贺兰山长城，大多沿着腾格里沙漠东部边缘和贺兰山山势修建，在贺兰山许多山口修建关隘，其中著名的有胜金关、赤木关、大武口等，其中赤木关被称作三关口，尤为著名。

三关口，是内蒙古阿拉善草原通往宁夏平原的必经之路，为历来兵家必争之地，历史上，在这里发生了许多惨烈的攻防战。西夏时，三关口称克夷门，西夏重要屯兵之地，派重兵把守。蒙古军和西夏军在三关口展开大战，最后蒙古军攻占此关。成吉思汗正是从这里突破，攻入西夏境内，包围西夏都城中兴府，导致了西夏的覆灭。

明朝建立后，蒙古鞑靼和瓦剌部常从阿拉善草原经贺兰山赤木口冲入宁夏境内劫掠，所以明廷极端重视三关口防卫。嘉靖十年（1531年），宁夏佥事齐之鸾耗巨资修筑南起大坝堡，北连三关口，长达八十公里的长城，三关口因此也成为明长城中与居庸关、山海关等齐名的关口。

贺兰山长城，将长城与贺兰山有机融为一体，或者说，贺兰山本身就是一道大自然赏赐给宁夏的雄伟长城，而人们就是围绕着它做了一些修补。贺兰山长城地处偏僻，除了自然风化，人为破坏较少，因此遗存比较多。如今，在贺兰山中，散落着大量墙体、敌台、烽燧墩、关堡、拦马墙，在贺兰山的映衬下，显得更加巍峨和险峻。

如果说贺兰山长城是修在山巅上的长城，那么在贺兰山以东，与黄河隔河相望的灵武水洞沟还有地下长城。水洞沟，一个原本无名的小地方，因为后来发现史前人类活动遗址而广为人知，然而就在离水洞沟不远处，有一处长达三公里的地下长城，确切地说应该叫藏兵洞。

藏兵洞位于水洞沟东的红山堡大峡谷，大峡谷不远处就是明长城，在峡谷尽头是始建于明弘治十六年（1503年）的红山堡（又称横山堡）。藏兵洞建在红山堡大峡谷的两侧，并与城堡相通，它与长城、城堡共同构成一个完整、科学、协调的防御体系。

2006年，宁夏文物考古所对藏兵洞开展了清理、疏通，目前已开辟出一千二百米供参观游览，面积约四千平方米。走进藏兵洞，犹如走进迷宫，蜿蜒曲折，上下相通，左右相连，左盘右旋，且大洞套小洞，如果陌生人闯入，必然困在里面，很难走出去。

藏兵洞内，按照功能可以划分为生活区、军事物资储备区和警戒防卫区。生活区有小型粮仓、水井、厨灶，一应俱全，驻扎里面，士兵完全在与外界隔绝情况下，独立生活一段时间没问题。军事储备区有兵器库、火药库，防卫区有陷阱、暗器孔道及指向大峡谷的炮台等军事防御设施。此外，藏兵洞还有许多精妙合理的设计，比如每隔一段，留有瞭望口，可以观察洞外的动向，同时保证洞内透气、透光。厨房对外留有烟囱，在保证士兵吃到熟食同时，烟通过烟囱溢向洞外。洞内有水井，在与外界隔绝情况下，有足够水源。洞内还设有陷阱，深达一丈，里面鹿角铺地，一旦落入，非死即伤。

一旦遇到敌情，藏兵洞士兵可以从地下转移到地上红山堡作战，也可以将兵力转移到地下，进行伏击战。藏兵洞在建设时候充分考虑了防水问题，将洞口建设在距离沟底高十米的地方，这样即使遇到山洪暴发，也不会对藏兵洞构成威胁。

从历史记载看，蒙古人多次在灵州至盐州间拆掉长城，南下劫掠，却很少从红山堡进攻，可见红山堡包括藏兵洞在内的立体防御工事对他们形成了很大的震慑作用。

明朝覆灭以后，新兴的清朝疆土进一步拓展，宁夏由作战前沿又再次变成了腹地，自此以后，金戈铁马、刀兵交错渐渐远去，贺兰山下，再无昔日厮杀呐喊声，留下那一座座烽火台，一段段长城残墙断壁，向世人无声诉说着那段峥嵘岁月。

长城阻止了外敌入侵，但未隔断过各族人民的友好交往，沿长城关隘形成的互市、榷场和一些营堡，就是最好的象征，而这些地方，后来逐渐演变成了近代宁夏的城市，吴忠堡原是长城诸多营堡之一，如今已成为宁夏主要的城市之一——吴忠市，可见碰撞只是历史长河中激起的浪花，和平交融永远是我们民族的主流。

第三章

山下帝家

贺兰山下，在方圆约五十平方公里范围内，

一座座高大夯土堆呈扇形状排开，在旷野之中，

尽显历史的苍凉。

历经战火洗礼、风雨侵蚀，依然不倒。

上世纪七十年代一次意外的发现，

震惊考古学界，种种迹象背后，

一个消失了七百多年神秘王朝渐渐浮现……

一、意外发现

在人类漫长的历史中，在世界各地有一些远古时代留下的文明遗迹，它们留给后人许多百思不得其解的疑问，有的至今依然无法破译，比如作为古埃及文明象征的金字塔，关于它的修建年代和如何在没有任何现代机械帮助下，建成在今天看来不可思议的巨大工程，始终困惑着历史学界。随着近代考古技术的不断进步，有的谜团已经解开，有的尚未解开，有的看似有了答案，但马上又出现了新的谜团。

与埃及金字塔相对应的是，在世界的东方，也发现一处神秘的

» 西夏王陵（大型纪录片《神秘的西夏》剧照）

» 　西夏王陵（大型纪录片《神秘的西夏》剧照）

古代建筑群落，被称作"东方金字塔"。它们位于中国西部贺兰山下荒漠中，这里人迹罕至，这些看上去小山似的土堆究竟是何物，修建于何时，曾经让人困惑。

　　1926 年，一位名叫乌尔夫·迪特·格拉夫·楚·卡斯特的德国年轻人取得飞行员资格，1930 年，他入职德国汉莎航空公司成为一名飞行员，这在当时看来是再普通不过的一件事。然而后来发生了一件事，使他的名字以后要和遥远东方的古国中国联系在一起。

　　三年后，卡斯特被派到中国，执行从内蒙古包头到甘肃兰州航线的飞行任务。卡斯特有个爱好，就是空中航拍，这在当时是非常先进的新鲜事物。他利用工作便利，拍下了许多珍贵照片，后来回国后，卡斯特将这些照片结集出版，书名就叫作《中国飞行》，书中照片为研究当时中国留下了许多宝贵图片资料。

　　当年卡斯驾机飞越银川上空，在贺兰山脚下发现了许多高大土堆，他将这些土堆拍入照片，但他对这些有序排列的神秘建筑百思不得其解。

第三章　山下帝冢

1970年，一位陕西考古工作者刘最长因工作需要乘车前往内蒙古阿拉善，途中经过距银川市不远的贺兰山。他看到山下散布着一片高低不同的土堆，多年的工作经验，直觉告诉他这是一个古代墓群，他推测这片高大封土下面应该是"唐墓"。

刘最长后来在北京碰到大学同学钟侃，闲谈中跟他说了自己的这次经历。钟侃毕业于西北大学历史系考古专业，1960年9月，他大学毕业后就分配到宁夏博物馆从事考古工作，此时他在宁夏工作已经整整十年。钟侃后来被称为宁夏考古第一人，他亲自主持或参与了宁夏的许多重大考古活动，像著名的水洞沟遗址考古挖掘都离不开他的重大贡献。

钟侃听完老同学一番话，非常吃惊，当时宁夏史学界

» 西夏石刻残碑
（宁夏博物馆藏品　李金海摄）

» 西夏文石刻（大型纪录片《神秘的西夏》剧照）

» 宁夏博物馆（纪录片《贺兰山》剧照）

和考古界对此几乎一无所知，更谈不上明确这片陵墓群属于哪个朝代。

1972 年 6 月，正值盛夏，兰州军区某部战士们奉命在贺兰山脚下修建一座小型军用机场，有一位战士偶然间发现了几件陶器，还有一些陶器碎片及规整的方砖，将方砖清理整洁后，发现方砖赫然有许多方块字，这些笔画整齐划一，乍看像汉字，然而战士们左看右看，竟然一个都不认识。

所有这一切预示着这是一个不寻常的发现，战士们立即向部队上级领导汇报，部队领导得知后立即下令停止施工，并第一时间通知宁夏博物馆。宁夏博物馆考古人员赶到现场后，经过十余天抢救性挖掘，一座古代墓室展现在人们眼前。墓室内有精美绝伦的工笔壁画，还有一些陶器和刻画奇怪文字的方砖。

后来证实，这是一个消失近七百多年的神秘王朝的王陵，它就是西夏，而这种看似天书的神秘文字正是早已失传的西夏文。

当时在宁夏博物馆工作的钟侃参加了这次考古活动，而这次挖掘考古也使钟侃开启了对西夏研究的学术生涯，也使他以后完成学术著作《西夏简史》有了一手资料。此后三十年，考古人员对西夏王陵陆续开展多次考古挖掘，剥离历史的尘土，一个个谜团逐渐解开。

二、消失的背影

九百多年前，贺兰山脚下，一个由少数民族建立的强大的王朝迅速崛起，与宋、辽鼎立。它自称大白高国，因为在夏州发展壮大，故又叫大夏国。因其位于宋、辽两国之西，历史上称之为"西夏"。它"东尽黄河，西界玉门，南接萧关，北控大漠，地方万余里，倚贺兰山以为固"，最强盛时期疆域包括今宁夏全境、甘肃大部、内蒙古西南部、陕西北部、青海东部广大地区，面积约八十三万平方公里。

建立这个王朝的是一群什么样的人，他们来自于哪里，又是怎样最终消失的？

唐朝末年，天下大乱，农民起义烽火席卷中原大地，群雄并起，此时一个被称作党项羌的民族走上历史前台。党项族本是古羌族一支，在青藏高原繁衍生息，面对强大的吐蕃，不堪欺凌的党项族被迫内迁松州（今四川松潘），旋又迁徙至庆州（今甘肃庆阳），至安史之乱，又被唐廷迁至银州（今陕西榆林）以北和夏州（今陕西横山）一带。数百年来，党项人犹如浮萍，一路颠沛流离，居无定所，他们渴望拥有一片真正属于自己的土地。后来适逢黄巢起义，党项族领袖拓跋思恭率领族人加入征讨黄巢的队伍。

党项人骁勇善战，屡立战功，黄巢起义平定后，拓跋思恭被授予定难军节度使，封爵夏国公，赐姓李，拥夏、绥、银、宥四州之地，自此党项人有了自己的根据地。贺兰山注定要见证长达近三个世纪的夏州李氏的兴衰。

唐朝灭亡以后，中原政权走马灯似的转换，城头变幻大王旗，你方唱罢我登场。夏州李氏趁着中原混战，无暇西顾，在贺兰山下牢牢扎根，势力不断壮大。等到宋太祖赵匡胤统一中原之时，夏州李氏已经牢牢扎下根，地位已经无法撼动。

如同每一个中原大一统王朝一样，宋朝初建伊始，将统一天下作为己任，自然不容许割据势力的存在。宋廷将削藩作为首要国策，迫使夏州李氏

» 唐朝党项人迁徙路线图
（大型纪录片《神秘的西夏》剧照）

» 宋初党项人统治的四州位置图
（大型纪录片《神秘的西夏》剧照）

» 西夏的疆域图
（大型纪录片《神秘的西夏》剧照）

献出领土。

宋太宗太平兴国七年（982年），党项族领袖李继捧因在家族内争中失利，率家族二百七十余人入朝，表示愿意将夏、绥、银、宥四州之地献出。

消息传出，西夏内部一片哗然，其族弟李继迁表示强烈反对，并与李继捧发生了激烈争论，表示不赞成失去故土，并说党项人要是离开了祖业之地，将再难以立足。李继捧不为所动，依然表示将率领族人前往汴京。李继迁见无法说服，便以给乳母送葬名义外逃，带领心腹数十人逃入地斤泽（今内蒙古伊克昭盟巴彦淖尔）。

大漠深处，在众族人面前李继迁展示其先祖拓跋思恭画像，慷慨讲述先祖的英雄事迹，表示要坚决捍卫祖宗留下的土地，绝不让给宋朝，族人们听完感动得泪流满面，纷纷表示归服，李继迁便招兵买马，组织武装，不断侵扰宋朝边境。

后来，李继迁巧妙利用宋朝与辽国的矛盾，收复了旧有的领土。李继迁死后，他的儿子李德明继位。李德明采取倚辽和宋的策略，同时向辽、宋称臣。党项既能获得宋朝的经济好处，又挟辽国之威牵制宋朝，穿梭于宋辽两国，左右逢源，形成了事实上的三国鼎立。

稳住宋辽后，李德明果断向西部拓展领土，发起对河西吐蕃和回鹘的征战。夺得吐蕃的精良战马和大量财物，收编了回鹘的精锐部队，使部落经济实力、军事实力大增，为西夏后来帝业奠定了基础。李德明晚年在贺兰山兴建宫室，对内行使天子仪仗，与皇帝无异，一个新的王朝呼之欲出。

李德明去世后，长子李元昊即位，元昊一改父亲执政时期韬光养晦方针，决定与宋朝分庭抗礼。

» 李元昊登基称帝（大型纪录片《神秘的西夏》剧照）

　　1038 年 10 月 11 日，贺兰山下，兴庆府南郊，一场隆重的登基典礼正在举行，宣布了一个新的王朝的建立，这场仪式的主角是李元昊，庄严的加冕仪式后，他成了西夏的开国帝王。

　　李元昊称帝，这是当时一件划时代的大事。他废弃唐宋两朝对党项的赐姓，改姓氏为嵬名，下令境内百姓严格遵守党项民族传统习俗，官民一律秃发、耳垂重环，不准穿戴中原衣冠服饰，提倡民族服饰，简化袭用唐宋礼仪、音乐和典章制度，订立官吏制度，设立蕃学等。

　　当时，党项人发型与中原汉人别无二致，元昊知道突然下令秃发，肯定招来反对，首先他自己带头秃发，强令"国人皆秃发，三日不从，许众共杀之"，并且要求境内男丁要戴上耳环，脱掉清软的丝绸衣服，重新穿上皮毛服饰。

　　这种看似荒唐的做法，其实背后有深远的目标。从青藏高原来到贺兰山下，党项人的生活习俗已经逐渐向中原靠拢，好多游牧时期的习惯淡化了。元昊想重新唤起党项人民族意识，强化身份

第三章　山下帝家

认同。

其实在元昊宣布称帝前两年，已完成了一项浩大文化工程，即西夏文字的创立。文字是一个民族文明的标志，文字从初创到成熟，需要一个漫长的过程，想一蹴而就，几乎是不可能的事。西夏成立以前，党项人长期的游牧生活方式，决定了他们一直没有创造出本民族的文字，元昊决定要弥补这一遗憾。只有有了文字，党项人才能彻底摆脱宋辽这两个东方大国心中未开化的形象。

创立文字的责任落在学者野利仁荣肩上。野利仁荣博学多识，熟悉典章制度，是这项重大文化工程的不二人选。与近千年演变形成的文字相比，凭空创立一种文字，其任务之艰巨可想而知。

就像将仓颉称为汉字之祖一样，西夏文的创立也归功于野利仁荣，然而，按照人类文明的规律，让一个人凭一己之力创造出一套形、音、意完全符合语言规律的文字体系，这是绝对不可能的事

» 俄罗斯东宫艺术馆馆藏的西夏绘画中的党项人秃发的形象

情。可以想象，野利仁荣背后肯定有一支由西夏境内顶尖级知识分子组成的团队。

1036 年，共十二卷汇集了近六千字的西夏文完成，在西夏国内颁布推行。西夏文创立过程中充分参照了汉字字形，字形呈方块，但笔画远比汉字繁杂，被称作番书。

后来当西夏使者捧着由西夏文书写的国书出现在宋朝庙堂之上，面对天书一般的文字，满朝文武没人认识，元昊内心自得之意可想而知。

1038 年，元昊改兴州为兴庆府，作为西夏国都。元昊之所以选择兴庆府做国都，有深远的战略眼光。兴庆府背靠贺兰山，面临黄河，依山傍河的地势，保证了首都安全，后来的历史也证明了这一点，在西夏立国近二百年时间内，兴庆府没有被攻破的记录。

当时大批能工巧匠从西夏境内各地和中原汉地招募而来，皇宫、官衙、寺庙一座座兴起，伴随着商业的繁荣，贺兰山脚下一座不起眼的小城成了西北繁华大都市。

元昊称帝，要求与宋朝皇帝平等，对宋廷来说，这无疑是犯上僭越，罪不可恕，朝野愤怒，双方正式撕破脸皮。为了迫使宋朝承认西夏建国称帝的事实，此后数年间，夏宋之间相继打了三川口之战、好水川之战、定川寨之战三大战役，宋军被歼数万人。面对强大的西夏军队，宋朝无奈之下只得答应了承认元昊为夏国皇帝的要求。

公元 1044 年，夏辽河曲之战中，李元昊击溃十万辽军，西夏势力达到巅峰，如日中天。面对接踵而来的胜利，李元昊开始骄傲自满，疏远朝政，在贺兰山大修离宫别馆，沉湎酒色，与创业初期的雄才大略、开拓进取判若两人。

第三章 山下帝家

» 成吉思汗

元昊太子宁令哥娶妻没移氏，元昊见其貌美，便夺为己有，立为"新皇后"。面对父亲的横刀夺爱，宁令哥深感奇耻大辱，1048年，冲入宫中刺杀李元昊，元昊受伤，随即死去，享年46岁，庙号景宗。

13世纪，成吉思汗统一了蒙古草原，蒙古帝国迅速兴起，逐渐强大，不断发起对外扩张和掳掠。占领东西交汇地带的贺兰山，控制河西走廊，便可以安心攻打西域诸国，为了解决西征后顾之忧，西夏首当其冲地成为蒙古的征伐对象。

当时西夏皇室上下长期的奢靡生活，加上内部为争夺皇位相互倾轧，国力已是疲弱，但祖先留在血液中的战斗基因还在，面对战斗力强悍的蒙古人，他们没有屈服，而是选择了拿起武器抗争。

蒙古军队先后六次征讨西夏，其中成吉思汗四次亲征。成吉思汗一生灭国无数，经历大小战役不计其数，从来战无不胜攻无不克，然而，面对党项人表现出来的强悍战斗力，他深为震撼，战争攻防陷入胶着状态，以至于让战争之神成吉思汗进退失据，降旨"每饮则言，殄灭无遗？以死之、以灭之"，成吉思汗本人最后也殒命六盘山。

1227年，蒙古军队以极其惨重的代价，才占领西夏都城兴庆府，为了泄愤，蒙古人四处抢掠、大肆屠杀，铁骑所到之处，白骨蔽野，西夏图书典籍、档案文书付之一炬，宫室亭台、文物、古迹毁坏殆尽。立国189年，历十代君主的西夏王朝灭亡了，大规模屠杀后的党项族也几近亡族绝种，在历史的长河中黯然谢幕。

中国历代有为前朝修史的传统，元朝为宋辽金并列修史，唯独没有为当时与宋辽金鼎立的西夏留下国史，是什么样刻骨铭心的仇恨，以至于近百年后，还不能释怀，可见当时党项人对蒙古造成的沉重创伤。

蒙古军队对西夏六次战争，四次穿过贺兰山，西夏失去了贺兰山的屏障，便一步步走向灭亡。修建在贺兰山脚下的西夏历代帝王的陵寝也未能幸免于难。

贺兰山东麓有一片开阔地带，这里背靠贺兰山，俯瞰黄河，是一块绝佳的风水宝地，从元昊将自己的爷爷李继迁埋葬于此起，经过西夏历代帝王一百九十多年的持续修建，形成了贺兰山下蔚为壮观的帝王陵墓群。远远望去，犹如座座佛塔散布在贺兰山下，又像是拱卫贺兰山的西夏勇士，在庇佑着后代子孙。

为了报复，也为了摧垮对手的意志，蒙古铁骑对西夏王陵进行了毁灭性破坏，经历战火，劫后的西夏皇家陵园，只在贺兰山东麓的开阔荒漠地上，留下一片断壁残垣。

几百年后，昔日帝王埋身之地的西夏王陵，如今已成一堆堆土冢，贺兰山下，古战场上的鼓角声和震撼人心的悲壮厮杀声渐渐远去，沧海桑田，昔日庄严的皇家陵园变成一片几乎无人问津荒凉的戈壁滩，就算是当地牧人也很少到此，在这里，时光停止了，被世人遗忘了，渐渐地，已经无人知道这些小山似的大土堆究竟是何物。

三、文明的异数

2004 年 4 月，中国社会科学院考古研究所组织评选"20 世纪中国 100 项考古大发现"，这是对 20 世纪中国考古活动的总结和梳理。来自 8 个国家级的文物考古机构、28 个省区市和香港特别行政区的文物考古机构、11 所权威大学的考古文博院系和在京的专家学者参加了这次评选。

西夏王陵的调查与发掘，与北京周口店遗址的发掘、河南安

» 西夏王陵 3 号陵，即李元昊陵寝（大型纪录片《神秘的西夏》剧照）

阳殷墟遗址的发掘等同获此殊荣，显示了其具有的重大科学价值和历史意义。由于历史文献的严重缺乏，西夏王陵考古的意义对弥补历史的空白显得尤为珍贵。

从上个世纪七十年代起，此后近三十年间，考古人员对西夏王陵进行了考察和研究，先后清理了一座帝王陵、四座陪葬墓、十四座碑亭、一处献殿遗址，整理出土石雕、碑刻、金银器、珠饰、铜器、钱币等文物，为研究西夏历史提供了宝贵的实物资料。

与此同时，考古工作者还对陵区进行了四次全面系统的调查与测绘调查，共发现帝陵九座，分别是裕陵、嘉陵、泰

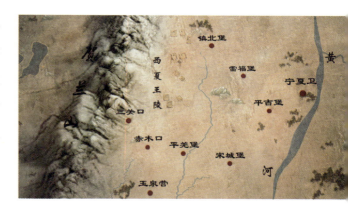

» 西夏王陵地理位置图

» 西夏王陵出土力士碑座
（宁夏博物馆藏品　李金海摄）

陵、安陵、献陵、显陵、寿陵、庄陵、康陵，它们都坐北面南，严格按照昭穆葬制排列，分成东西两行，陪葬墓二百五十三座，其规模与河南巩县宋陵、北京明十三陵相当。按照扇形散布贺兰山下，陵园东西五公里，南北十多公里，总面积达五十多平方公里，如此之大的规模，在中国历代皇家陵园中也是非常罕见的。

1998 年 7 月，考古工作者开始对三号陵西碑亭进行发掘。三

号陵俗称"昊王坟",被认为是西夏开国皇帝元昊的泰陵,坐落在西夏陵区的中心,是西夏帝王陵墓中规模最大、保存最完整、气势最宏伟的一座。历经千年,尽管地面建筑遭严重破坏,但陵园的阙台、陵台基本完好,陵城神墙、门阙、角台大部尚好,布局清晰可辨。

在挖掘清理中发现四尊碑础座,一尊已毁为碎石,一尊上部略有损伤,剩余两尊保存完好。在古代传统中,碑座都是赑屃座。然而,这三座石座上都雕刻人像,显得格外与众不同。碑座用青灰色砂岩雕刻而成,所雕人像五官扁平,圆眼大睁,眉毛上挑,鼻宽梁长,阔口厚唇,一堆獠牙外露,袒胸鼓腹,乳垂过肚,双膝跪地,双臂挂膝,显得粗犷有力。雕刻刀法古拙,造型极度夸张,渲染了力驮石碑的负重艺术效果。

1999年,时任国务院总理朱镕基来宁夏考察工作,特意来到贺兰山下,视察西夏王陵,做出了关于西夏陵文物保护和旅游开发建设的重要指示,并感言:"看了西夏王陵,使我受到了一次深刻的爱国主义教育,要保护好这些文化遗产。"得知西夏王陵考古工作因资金缺乏陷入困顿停滞不前,而王陵遗址保护也严重滞后,朱镕基当即要求国家有关部委下拨专款一千万元,用于三号陵园的保护。这是1949年以来,我国一次性拨款千万元用于单项文物保护的最大一笔,无疑极大鼓舞了考古工作者的工作热情。

2000年5月至2001年10月底,考古工作者分四个阶段对三号陵园进行了全面的发掘清理,共揭露面积三万多平方米,清理出大量的建筑材料,仅瓦当就有十四万件之多。在清理陵园神门时发现了一件稀世珍宝妙音鸟,也就是的佛教"迦陵频伽",而它的发现充满了传奇色彩。

» 西夏王陵出土的迦陵频伽（宁夏博物馆藏品　李金海摄）

　　起先，在清理过程中，考古人员发现了一个灰陶佛头，这并没有引起大家多大关注，只是对在陵区出现佛头感到意外。在以后几天之内，陆续清理出类似的佛首、尾翅、云纹、身子和呈合十状的双手，考古人员试着去拼凑它们，最后一座带有翅膀、造型独特的佛像呈现在人们面前，就是传说中的"迦陵频伽"。

　　迦陵频伽是佛教中西方"极乐世界"的一种神鸟。

» 西夏王陵出土的石马（宁夏博物馆藏品　李金海摄）

帝陵由阙台、神墙、碑亭、角楼、月城、内城、献殿、灵台等部分组成，规模宏伟，布局严整，独创了别具一格的陵园建筑中形式。

陵城四角由群塔组成，南方两个城墙角各五座塔形建筑，北方两个城墙角各七座塔形建筑，四座城门两侧各三座塔形建筑，整个塔形建筑高低错落，衬托底部直径约三十四米的中心陵塔。

众所周知，我国自秦汉起，皇家陵寝在墓室上方大多采用覆斗状封土，然而西夏王陵采用塔式陵台，夯土实心砖木混合密檐式结构，呈八角形，上下各分为五级、七级、九级不等，底层略高，往上层层收分。西夏陵台不是建在墓室正上方，而是墓室以北十米处，根本不具封土作用，这在中国皇家陵园建筑史上没有前例，是党项族的创造。

让人感到意外的是，陵园建设并不完全按照传统中轴线模式，出土遗迹及文物表明，陵区内建筑南门、献殿、墓、陵塔基本在一条由南向北的线上，但陵塔偏离中轴线，略偏向西北，这是建造时出现的意外，还是故意为之，不得而知。

对于这种设计，学术界一般认为，佛教在西夏具有崇高的地位，西夏统治者对佛教异常虔诚，在陵园建造陵塔，希望得到佛的护佑。塔之所在犹如佛之所处，所以即使九五之尊的帝王也要屈尊一旁，以便在佛的引领下，功德圆满，早登西方佛国极乐世界，陵塔偏西是为了让墓主人离上天的路更近一些，升上天堂。也有说法认为，西夏王朝皇帝党项族人来自西北青藏高原，死后想灵魂回到故地，回到祖先那里。众说纷纭，莫衷一是。

然而令人称奇的远不止这些，历代帝王无不想将生前奢靡生活带到地下，希望继续享受人间的尊荣，因此都竞相将陵墓修建得恢宏壮丽，但这难免引起盗墓贼的惦记，尤其是改朝换代或者适逢乱世，前朝帝王陵寝很少有免遭毒手的，往往墓穴被挖开，里面奇珍异宝被洗劫一空，墓主人暴尸荒野。因此，每当修建陵园时，无不将防盗作为头等大事，墓道做得极其隐蔽，在墓室上方堆上小山丘一般的封土，很难发现墓道口到底在哪里。

20世纪50年代，国家决定对位于北京昌平的明万历帝定陵考古挖掘，因为找不见墓室入口，令考古人员伤透脑筋，最后发现墓道入口设在一般人难以料到的宝城的侧面。

西夏帝王们对此或许不在意，或许是故意反其道而行之。西夏王陵墓道的入口就设在献殿内，这在历代帝王陵寝中是空前绝后的。西夏的皇帝们似乎并不担心这一点，帝陵献殿至陵台之间有一条凸起于地面之上的鱼脊梁封土，高高隆起于地面约三米。墓道就埋藏在封土下方，这种做法与中原墓葬方式截然不同。

这不是明显将墓道秘密明白无疑告诉世人嘛，西夏皇帝们为何做看起来不符合常理的事，是来自内心强大的自信，还是由于党项民族独特的民族丧葬传统？没人能回答。

当年古埃及人开采石材，然后用船运到尼罗河西岸，用巨大石块修砌成方锥形塔，成为法老们的塔陵。被称作东方金字塔的西夏王陵，都是用夯土筑成，整个陵区夯土量约占工程总量50%，然而，令人费解的是，王陵修建在贺兰山下，为何不直接开采山石，而是用夯土构筑，难道是因为贺兰山在党项人心中的神圣地位而禁止开采？问题或许不是这么简单，历史已经告诉了我们答案。经过近千年的风雨侵蚀，许多砖石的城墙都早已坍塌，而西夏王陵黄土夯筑的陵塔依然挺立在贺兰山下，证明了党项人聪慧才智，向世人展示着西夏王陵昔日的辉煌。

这些夯土陵塔最远修建年代在九百年前，最近的也已七百多年，在漫长的时光中傲然耸立不倒，这其中究竟隐藏着怎样的秘密？与它身后的贺兰山是否有内在的联系？是否由于贺兰山巍峨的身姿为它遮挡了西北风，阻挡着阿拉善高原寒流的侵袭，致使降雨量稀少，使得陵区周围保持了一个干燥的环境，从而阻止了风化坍塌，但这又如何解释陵园附属建筑皆已倒塌，而唯独陵塔独善其身？

像这样解不开的谜团，还有很多，不妨再列举几例。

贺兰山沟壑纵横，在宁夏境内分布有二十多个大的山口，每年难免山洪倾泻而下，而地处贺兰山中段东麓洪水冲积地带的西夏王陵区，几百年来却一直安然无恙，逃过洪水淹没的厄运。

在王陵高大陵塔之上，一年四季都是光秃秃的，从来不生长任何杂草，据说这是由于当初建造陵园时，从别处运来黄土后，先经过认真地筛选，再用蒸笼熏蒸，使之失去土壤营养成分，称为"熟土"，使杂草无法落地生根，以避免草籽发芽，影响墙体的质量。在夯筑陵区墙身时，黄土中要掺入丝麻和灰浆，掺入糯米汁混拌，以增强黏结能力，达到混凝土的效果。

但是熏蒸的效果能否保证数百年？再说西北地区风沙漫天是再平常不过的事，几百年后难免在陵堆上覆盖一层浮土，为何还是寸草不生？

人迹罕至的旷野往往是鸟兽出没之地，地处贺兰山脚下的西夏王陵，自然少不了乌鸦、麻雀这些西北地区常见的鸟群，但从来不见它们落在王陵上歇脚，这难免令人疑窦丛生，须知乌鸦、麻雀这些鸟雀落脚从来不挑地儿，无论是移动的牛羊脊背，还是枯树顽石，为何却不在王陵上落脚，难道它们也是慑于昔日皇家之威吗？

中国皇家陵墓陵园中，一般按照时间的顺序或者帝王辈分由南向北排列，就是所谓左昭右穆，西夏王陵也遵从这一惯例。不过，西夏王陵的布局显得与以往唐宋皇陵不一样，各个王陵位置的安排似乎事先设计好了。从高空俯视九座王陵的分布，与北斗七星图相似。但是单独看八座王陵的分布，又与八卦图形近似。这不仅引起人们的疑问，是否当初在陵区埋进第一位帝王起就设计规划好了，西夏先后共经历九代君主，立国近两百年，试问有谁能未卜先知两百年内的事，预测到西夏王朝会传九代王位，何况，党项人本为古羌族的一支，在其文化渊源里，并无有力证据证明他们也有崇拜八卦和相信风水的传统。可是，又怎么解释王陵的格局呈八卦图形呢，难道这仅仅是巧合，还是隐含着不为人知的秘密？至今，谜底依然没有被破解，专家和学者也无法拿出令人信服的说法。

种种现象说明，西夏文明完全不同于我们以往的认知，它汲取了周边吐蕃、回鹘、契丹和中原唐宋文明的养分，但又完全不同于它们，以自我独特形式绽放在大西北，它是中华文明中曾经绽放了近两百年的瑰丽奇葩，是中华文明的异数。

第四章

心灵圣地

西夏王朝时期，贺兰山是皇家寺院的圣地，

吐蕃、回鹘等各族高僧译经、弘扬佛法，

佛门昌盛冠绝一时。

蒙古的入侵，导致西夏的覆灭，

但并未颠覆贺兰山宗教圣地地位，

反而，贺兰山以博大和宽容，

接纳佛、道、伊斯兰三教，和睦共处，

一起为世人提供心灵寄托和慰藉。

一、空谷梵音

　　贺兰山东麓，一个叫作拜寺口的山口，两座佛塔拔地而起，塔身呈八角形，共十三层，为密檐空心塔。东塔高三十九米，西塔高四十一米，双塔默然相望，已巍然屹立数百年。塔身自第二层起，每层皆有佛龛，内雕刻佛像。1999 年夏天，在维修拜寺口双塔院落过程中，出土了六十多座僧人墓塔组成的大型塔林遗址和四千多座阿育塔等文物，后来又陆续发现了佛殿、墙垣等遗迹，还有大量琉璃瓦片。

　　从拜寺口进入山谷，谷内道路崎岖，沿路走二十余里，有一座佛塔，此塔与拜寺口双塔不同，呈方形，共十一层，高二十五米。

» 　拜寺口双塔（纪录片《贺兰山》剧照）

塔附近有佛寺遗址。

很显然，贺兰山曾经佛寺林立，是一片佛教圣地，有学者更指出拜寺口应该是百寺口的谐音，可以想象当年的盛况，然而这些佛寺究竟建于何时，历来众说纷纭。

1990年11月底，在滴水成冰的季节，一伙魅影闪进了拜寺口山谷，这里历来人迹罕至，自然没引起世人注意，然而很快从沟内传来一阵惊天动地的爆破声，震惊了人们。原来一伙文物盗窃团伙盯上了宝塔，想通过引爆方式，炸毁宝塔，好盗取文物，结果他们一无所获。等宁夏文物考古研究所工作人员赶到时，只见四下散落着被炸毁的砖石。

» 拜寺口山谷内方塔被毁前旧照

考古工作人员在清理废墟时，意外发现了西夏佛经，包括手抄本、刻本，其中有一部九册的西夏文佛经《吉祥遍至口和本续》，经研究证实是木活字印刷，是罕见的稀世珍宝，迄今为止发现的最早木活字印刷品，对研究早期活字版印本，具有重要意义。

就在同一年，在贺兰山东部贺兰县潘昶乡王澄堡村维修一座古塔时，发现了大批西夏文物，其中出土的七尊佛头，要么双目垂泪，要么单颊流泪，散发着神秘气息，令人无限遐想。文物中还有许多唐卡（唐卡为藏传佛教特有卷轴佛像图）。

所有的发现都指向西夏，指向贺兰山。

» 西夏文佛经《吉祥遍至口和本续》（宁夏博物馆藏品　李金海摄）

扫一扫　看视频
贺兰山下发现木
活字印刷的证据

　　贺兰山自古以来，就是人们心中的圣山，这一点从贺兰山岩画中可以看出来，岩画中有大量太阳神的图案，可见在远古时期，先民就将贺兰山视为神祇崇拜。

　　西夏建立后，自皇室至庶民，皆尊崇佛教。据《宋史·天竺传》记载，宋仁宗景祐三年（1036年），天竺僧善称等九人至汴京进贡梵文佛经、佛骨和菩萨像等，在回国途经夏州时，元昊强行向他们索求贝叶经，被善称严词拒绝，元昊恼怒之下，下令将他们强行扣押在驿馆。从这件事，可以看出元昊在境内推广佛教心情之迫切，为了达到目的，不择手段。

　　西夏初建，境内缺乏佛教圣境宝刹，德明和元昊父子俩，都曾派人到宋境内五台山进香礼佛，所以特别迫切地想在境内打造一处佛教圣地。元昊祖上夏州李氏依靠贺兰山为据点，东征西讨，成就西夏帝业，因此选择将贺兰山作为弘扬佛法圣地，打造成西夏的精神家园，实在是不二之选。

李元昊称帝后，便在贺兰山修建了大量宫室、佛寺。他要将贺兰山打造成党项人的五台山。元昊死后，西夏历代君王都在贺兰山一带不断扩建佛寺，在贺兰山间的苍松翠柏间，浮屠林立，宝相庄严，梵乐悠扬，晨钟暮鼓，朝阳夕霞，诵佛之声穿越数里之外。

为了进一步弘扬佛法，西夏派人到宋朝求取佛经，天授礼法延祚十年（1047 年），兴建宏大的高台寺用来供奉宋朝赐予的大藏经。回鹘信佛较早，不乏精研佛法的高僧，于是，元昊从西域请来大批精通译经的回鹘僧侣，帮助西夏翻译佛经。

» 　垂泪佛像 1
　　（宁夏博物馆藏品　李金海摄）

» 　垂泪佛像 2
　　（宁夏博物馆藏品　李金海摄）

西夏自立国起，与周边的辽、宋、吐蕃都时战时和，但这并没影响西夏与诸国的佛教交流。对佛教诸派别也采取一视同仁、兼容并蓄的态度。

西夏与河西吐蕃六谷部是世仇，元昊的祖父李继迁就命丧吐蕃六谷部，及元昊的父亲德明，一举消灭六谷部。广运二年（1035

年），元昊曾亲率大军攻入河湟流域，攻城占地，掳掠人畜。青唐吐蕃领袖唃厮啰指挥诸部奋起反击，与西夏激战二百余日，元昊最终不支，惨败而归。尽管与吐蕃征战不断，但这并没妨碍作为佛教主要流派的藏传佛教在西夏的传播。

佛教自唐初传入吐蕃，很快兴盛起来，形成与内地汉传佛教截然不同、地域特点鲜明的藏传佛教，以吐蕃末代赞普朗达玛灭佛为分界点，之前为前弘期，此后为后弘期。西夏建国之时，吐蕃佛教正处于蓬勃发展的后弘期，而且教派分支众多，无论典籍翻译还是宗教仪轨等方面都非常成熟，在显宗教义和密宗修法两方面，皆自成体系。

党项与吐蕃同属羌系，风俗习惯也与吐蕃相似。党项敬鬼神，重巫术，这使得有鲜明民族特色的藏传佛教更容易被党项人接受，另外据《宋史·夏国传》载"（元昊）晓浮图学，通蕃、汉文字"，可见西夏包括元昊在内上层人士通晓吐蕃文，使得他们可以直接阅读吐蕃文原文佛经，另外，西夏治下有大量吐蕃人，尤其是河西地区，是吐蕃人聚居区，这些为藏传佛教在西夏传播创造了有利条件。

藏传佛教中尤以噶举派对西夏影响深远，噶举派与尚白的党项人一样推崇白色，被称作白教。西夏仁宗仁孝很崇敬噶玛噶举派创始人都松钦巴，曾遣使入藏迎请他，希望其来西夏传教。最终，尽管都松钦巴本人未能成行，但仍派弟子藏索格西前来，被仁孝尊为上师。

噶举派教义主张避世苦修，藏索格西将目光锁定在贺兰山，他在贺兰山一面清修，一面翻译佛经。后来，都松钦巴在修楚布寺白登哲蚌宝塔时，西夏皇室献赤金璎珞、经幢、华盖等饰物以示崇敬。

帝师日巴是在藏索格西之后来到西夏的又一位噶举派高僧，他本名桑吉热钦，曾向拔绒噶举创始人法王拔绒巴学法，为拔绒噶举派僧人。1200年，他从西藏来到西夏，在西夏前后居住三十余年。

他曾经在贺兰山一带修行，拜寺口双塔的西塔塔刹穹室壁面有一段朱笔书写的梵文，译为汉文："圆满菩提会成佛，解脱妙法会解脱。清净清净会清净。普遍解脱遍解脱。一切清净佛世尊，以大手印为依身"，至于是否出自帝师日巴之手就不得而知了。

就在帝师日巴清修之时，西夏王室发生内乱，镇夷郡王李安全废桓宗李纯佑自立为帝，是为西夏襄宗。日巴被襄宗尊为国师。1211年，李遵顼又废襄宗自立，是为西夏神宗。1217年，蒙古军队进攻西夏，为躲避蒙古军锋芒，李遵顼出走西凉府避难，国师日巴随行。在蒙古人撤退后，李遵顼返回兴庆府。由于伴驾有功，两年后，晋升国师日巴为帝师，1236年，帝师日巴圆寂。

一批又一批吐蕃高僧从雪域高原，风尘仆仆来到西夏，来到贺兰山脚下，他们在这里潜修佛法，佛号声在贺兰山叠嶂峰峦间回荡，耸立的佛塔在落日余晖中，闪烁着佛的慈悲与智慧。

仁孝皇帝在贺兰山修建大度民寺，让吐蕃高僧觉明国师（本名法狮子）主持译经，一卷卷佛经在高僧们虔诚的笔下翻译出来，然后被抄送送到西夏境内善男信女手中，贺兰山撒向人间的是一颗颗佛心。贺兰山一草一木，皆沐浴在佛光之中，已成为西夏的五台山，名副其实的佛教圣地，而藏传佛教噶举派成了西夏的国教。

与此同时，一座座佛塔在西夏帝国版图内拔地而起，一座座佛寺在王国各个角落建成。如今散布在甘肃河西地区的武威护国寺、张掖卧佛寺和宁夏银川承天寺见证了昔日西夏佛教的辉煌。

佛教的兴盛，给人们带来了心灵的慰藉，同时佛教艺术的繁盛，也推动了西夏的文化发展。然而，凡事皆有两面性，西夏地处西北，大多地方贫瘠，大规模佛寺的兴建，奢华铺张的佛事活动，消耗了大量财富，虚幻的宗教解决不了残酷的现实，繁荣的表象下已是危机四伏，而此时西夏将迎来立国以来最强大的敌人——成吉思汗和他的蒙古铁骑。

长期信奉佛法，并没有让党项人丧失血性，他们顽强与敌人抗争。曾经强悍横扫欧亚、所向无敌的蒙古骑兵发现他们低估了对手，争战中损失惨重，而一代天骄成吉思汗在攻打西夏时，命丧于贺兰山毗邻的六盘山。

1227年，走投无路的西夏末帝李睍投降，被仇恨烧红眼的蒙古人随后对中兴府展开了大屠杀，这座塞上繁华都市在熊熊烈火中化作灰烬，腾空而起的火焰，映红了贺兰山。历十帝，立国一百九十年的西夏帝国就此走进了历史长河。

蒙古人对西夏的毁灭是彻底性的，并没有由于他们也信奉藏传佛教就对佛寺网开一面，贺兰山上的寺庙也在劫难逃。据藏族历史典籍《红史》记载，蔡巴噶举派创始人贡塘香喇嘛尊哲扎巴的再传弟子藏巴敦库瓦，应西夏皇帝之邀来西夏翻译佛经。他目睹成吉思汗毁坏寺院，劝成吉思汗修复佛寺，被置之不理。

佛殿宝像，变成遍地瓦砾，曾经的佛门圣地变成雉兔乐园。

两百年后，明安塞王朱秩炅游贺兰山拜寺口，凭吊古人，昔日佛门圣地的繁盛早已化作历史云烟，唯有双塔在默默无声倾诉着往日圣境的荣光。朱秩炅感慨万千，便赋诗一首：

风前临眺豁吟眸，万马腾骧势转悠。

戈甲气销山色在，绮罗人去辇痕留。

文殊有殿存遗址，拜寺无僧话旧游。

紫塞正怜同卷画，可堪回首暮云稠。

一座山，见证了一个民族的盛衰，一座山，目睹了一个王朝的兴亡。

二、佛门红颜

　　西夏时期，外有宋辽吐蕃乃
至后来的金与蒙古，可谓强敌环
伺，西夏以区区不过三百万人口
在大国之间周旋，立国近二百
年，除了依靠贺兰山和黄河的关
河之险外，党项族强悍的战斗力
是很重要的原因。

　　和中原王朝不同的是，西夏
实行全民兵役制，军队中有大量
女性的参与，她们褪去胭脂粉
黛，与男人一样奋勇杀敌，在残
酷的战场上展示了她们的果敢和
勇气，在血雨腥风中将生命尽情
绽放和凋零。

　　党项女人无论是宫廷贵族还
是庶民，她们爱憎分明，敢爱
敢恨，同时她们虔诚信奉佛法，
慷慨布施。贺兰山间，寺庙林
立，而她们艳丽的身影经常出入

» 西夏礼佛贵族妇女画像（俄罗斯
科学院东方文献研究所收藏的西
夏艺术品）

其间。

贺兰山，山内宁静，山外喧嚣。一座山，联系着宗教圣地与红尘俗世。

西夏天授礼法延祚十一年（1048年）正月十五日，上元节，西夏首都兴庆府发生了一起血腥政变，西夏开国皇帝元昊遇刺身亡，而凶手是他亲生儿子太子宁令哥。纵观历史，皇家从来没有亲情，皇冠无不是鲜血染红，为了至高无上的权力，父子、兄弟、翁婿之间骨肉相残的惨剧比比皆是。然而，宁令哥铤而走险，并不是简单的着急提前上位，而是自己心爱的女人被元昊横刀夺爱。

这不仅仅是父子相残，而是一个男人向另一个男人发起的为了尊严的决斗。或许是饮酒过多，或许是出于内心的愧疚，李元昊这个昔日战无不胜的英雄，被儿子削去鼻子，失血过多而死。

参与行刺的野利族人浪烈被卫兵发现，死于格斗之中，太子宁令哥仓皇出逃，很快被捉回来，以谋逆弑君罪处死。一场宫廷悲剧以父子双方丧命而结束，而引起这场血腥政变的是一个叫没移氏的美丽女子。

没移氏本是元昊为儿子宁令哥聘的太子妃，太子大婚之日，元昊目睹没移氏美貌，惊为天人，便索性夺为己有，将没移氏一名陪嫁侍女嫁给宁令哥。元昊将没移氏纳入后宫后，便将全部柔情赋予在她身上，当年七月，便在贺兰山大兴土木，为没移氏修建离宫，紧接着将她立为新皇后，而本来的皇后野利氏被废，弃之冷宫。

宁令哥乃野利皇后所生，面对生母被废，爱妻被夺，血气方刚的年轻太子忍受不了如此侮辱，再加上心怀叵测的国相没藏讹庞在一旁煽风点火，最终导致了这场皇室血案。

而作为诱发这场血腥事件的主角，没移氏经历两个深爱自己男人的死亡，骇人心魄的宫廷斗争，让她对皇家生活产生了厌倦，她隐身贺兰山拜寺口寺庙，想自此在青灯黄卷中度过余生。

然而已经深深陷于皇权斗争的她，岂能轻易超然脱身。没移氏拥有惊为天人的美貌，拥有美貌对一个女人来说是幸福的，但同时也是引发所有不幸的诱因，因为生在乱世，作为一名弱女子，命运往往是自己没法掌控的。历史上这样事例俯拾皆是，比如春秋时期的夏姬和息妫，以美貌闻名于世，成为当时权贵争相追猎的对象，诸侯王公们为了得到她们，不惜发动战争，荼毒生灵，她们坎坷多舛的命运在后世非但没有得到同情，反而成为封建史学家笔下的祸水尤物，背上恶名，历史往往就是如此残酷无情。

没移氏的美貌同样引来辽国皇帝辽兴宗的垂涎，他很好奇这个使得父子反目成仇，不惜血染宫廷的佳人究竟有多大魅力。1049年7月，辽军兵分三路，讨伐西夏，南路军很快渡河，攻破西夏唐隆镇（今陕西神木县北），北路进入走廊攻击凉州，辽兴宗亲率中路军攻入西夏。

与南路军受阻不同的是，北路军很快由河西东进，抵达贺兰山，将没移氏及从属人员数十人劫掠而去，辽兴宗抱得美人归，大喜过望，没移氏被送到蓟京，自此下落不明。

此时，西夏元昊新丧，太子宁令哥被处死，出现巨大权力真空，内部人心浮动，外有辽宋两大强国虎视眈眈，西夏面临着建国以来最大的危机考验。

没藏氏就在这外交内困时刻，怀抱元昊尚未满周岁的幼子谅祚登基。西夏在创业崛起之际，有几支大族功不可没，而其中野利家族尤为显赫，为了巩固皇族拓跋氏与野利氏关系，元昊采用联姻方式，立野利氏女子为后，是为野利皇后，没藏氏原本是野利皇后之兄野利遇乞之妻。

野利遇乞能征善战，与兄野利旺荣分统左、右厢军。在对宋作战中，野利遇乞屡建战功，尤其是在西夏对宋具有决定意义的三川口之战中，以围城打援之策，俘宋将刘平、石元孙等。但后来由于宋朝的离间，元昊对他产生猜忌，最终导致家族覆灭，而就在这期间，元昊遇到没藏氏，并与之私通。

没藏氏的尴尬身份决定了她无法在皇宫长久立足，迫于野利皇后的压力，没藏氏被迫在兴庆府戒坛寺出家，号称没藏大师。然而，没藏氏出家并没有隔断元昊对她的宠爱，他们频频幽会于佛寺之中，后来生下一子，便是谅祚。

主幼国疑，没藏氏显然不是那种有魄力，能够乾纲独断的女人，她将国政尽付于其兄国相没藏讹庞。当时辽国已与宋朝签订澶渊之盟，两国保持了稳定局面，没有了后顾之忧，便想趁机侵占西夏。

　　面对来势汹汹的辽军，西夏军队节节败退，1050 年 5 月，辽
兴宗命令西南面招讨使萧蒲奴、北院大王耶律宜新等乘胜追击，将
西夏国都兴庆府团团围住，6 月，辽军攻破西夏设在贺兰山西北的
重要军事物资点——摊粮城（位于今内蒙古巴音浩特北），将全部
粮食搬走。

　　消息传来，没藏太后知道再也无法与辽军长期周旋下去，便与
辽国议和，当年十月，辽夏达成协议，西夏向辽称臣纳贡，辽军遂
撤走。曾经隐身佛门的经历，眼看辽军大军压境，家国危在旦夕，
转瞬又转危为安，使得没藏太后更加笃信佛法。

　　面对内忧外患，儿子尚在幼年，没藏太后深为忧虑，为了保
"圣寿以无疆，俾宗祧而延永"，她许下宏愿，在兴庆府西郊修建一

西夏王妃供养图

座规模宏大的佛寺，名曰承天寺。佛寺建成以后，没藏太后常常偕同幼年皇帝一同到寺内礼佛，并从回鹘请来高僧到承天寺讲经，弘扬佛法。与此同时，没藏太后派人到宋朝方面求取《大藏经》，让回鹘僧人翻译成西夏文，在西夏境内广泛传播。

为了缓和与辽朝的关系，没藏太后向辽进贡大量金佛像、《金觉经》以及回鹘僧人，试图用佛法化解两国恩怨。

没藏太后不是一个嗜权如命的人，或者说，她对权力不感兴趣，她只想做一个享受爱情的女人，财务官李守贵和侍卫官保吃多成了她的情人。然而两个情人之间经常争风吃醋，终于有一天，嫉妒火焰吞噬了理性。

1056 年，没藏氏携保吃多去贺兰山打猎，返回途中，二人被李守贵派人半路截杀，没藏太后死于非命。

如今，经历近千年岁月沧桑，承天寺早已消失在历史深处，唯有寺内那座高达六十四米的巍峨佛塔，至今依然屹立，向世人默默无声地诉说昔日辉煌。

没藏太后死后，多位西夏皇帝皆冲龄践祚，子幼母壮，西夏外戚势力进一步扩大，先后姑侄两位梁太后和罗太后临朝听政，而她们无一例外地诚挚信奉佛法。

大小两位梁太后有个共同的特点，就是杀伐决断果敢刚毅，丝毫不逊色于男性帝王。小梁太后不但乾纲独断，而且还是一名杰出的军事统帅，不断对外征战，在疆场上杀戮，同时也坚信佛法，这种看似矛盾的两面，在她们身上却有机统一，或许在她们看来，在战场上的杀戮也是一种对芸芸众生的超度，或许是看到大量无辜生命的凋零，使她们感到生命脆弱，更加坚定了敬崇佛法。

» 保存在武威市博物馆的"重修凉州护国寺感应塔碑"

清末，武威有位著名乾嘉学者张澍，他著有《夏书》、《西夏姓氏录》、《西夏纪年》等，是我国学术界研究西夏第一人，1804年，他与友人游历清应寺，无意中发现了一块镌刻汉文、西夏文两种文字的石碑，即为赫赫有名的《重修凉州护国寺感应塔碑》。

碑文记载了梁太后与年仅十一岁的皇帝秉常共发宏愿，重建凉州护国寺感应塔的盛况。

甘肃省张掖城西南隅有一座大佛寺，寺内古树参天，碧草成茵，环境优美，寺内大殿有佛祖释迦牟尼的涅槃像，神态安详，身躯伟岸，为我国目前最大室内睡佛，该寺是小梁太后所建。

与大小梁太后不同的是，处于西夏后期的罗太后将佛教推向了全盛，她组织大量人力物力，抄写佛经、翻译佛经。在俄罗斯所藏西夏文《佛说宝玉经》卷十有一段题记：

大白高国清信弟子皇太后罗氏全增新写番大藏契经一藏，天下庆赞，已入寺庙上内契经藏中，当为永久识诵供养。

这仅仅是其中一例，现存西夏佛经中，还有好几处标有罗太后题记的经书，说明此时佛教信仰，不再是皇室个人信仰，而是整个西夏王朝国家的全民信仰。

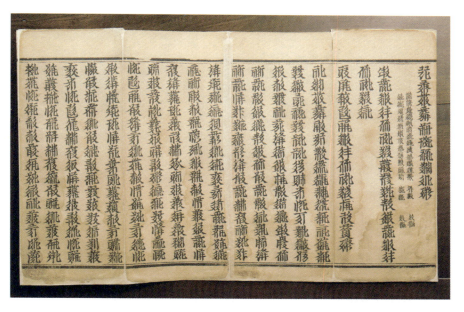

» 西夏文佛经（俄罗斯科学院东方文献研究所收藏）

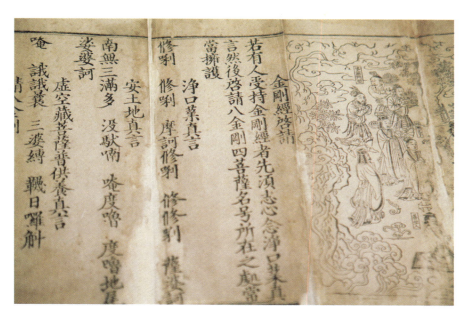

» 俄罗斯东宫艺术馆馆藏西夏汉文金刚经

» 俄罗斯科学院东方文献研究所收藏的西夏艺术品

1206年，西夏发生一次政变，而这次政变主角正是罗太后，她废掉自己的儿子夏桓宗，立侄子镇夷郡王李安全为帝，是为夏襄宗，废子立侄，这种违背常理的现象背后究竟隐藏了什么秘密？历史上没有留下片言只语，作为历史谜团，留给后人无限遐思和猜测。

再后来，罗太后本人也消失在史书中，下落不明。

历史真相，到底如何，我们不得而知，但根据西夏太后专权传统来推理，很有可能的是夏桓宗不甘心做傀儡，所以罗太后不惜废掉亲生儿子，另选李安全作为代言人，政治总是诡秘莫测，权欲足以吞噬人性，没有人甘于做傀儡，李安全也不例外。

罗太后的结局很有可能是在政治斗争中失败，然后心灰意冷，遁入佛门，在青灯黄卷中度过余生。罗太后最后归宿地很有可能是在贺兰山，因为这里有大量西夏皇家寺院和离宫，可以供她修行参禅，同时，距离西夏首都兴庆府不过三十多公里，作为政治失败者，李安全也不会让她远离自己的视线。

中国历史上有一个传统，就是失意后妃或者前朝后宫眷属被迁入指定的佛寺，比如，唐太宗去世后，包括武则天等女眷被送到感业寺出家。由于贺兰山已有安置没移氏的先例，不排除在贺兰山佛寺中，有一群在西夏历代皇帝中失宠的后妃群体的存在，而罗太后仅仅是其中一人而已。

试想当年，在贺兰山深处，皇家寺院林立，晨钟暮鼓间，一个个纤丽的身姿拈花礼佛，然后就像鲜花一样枯萎凋零，她们美丽的身影在梵刹浮屠间慢慢消失在岁月深处。

三、三教共存的圣山

　　贺兰山脉绵亘四百余里，山间沟壑纵横，有许多大小不一的山口和山谷，而这些山口大多数都是东西走向。贺兰山共有多少山口，历来众说纷纭，典籍记载也不一致。《秦边纪》载"口巨者三十有七，小者复一十有奇"，《嘉靖宁夏新志》云："径可驰入者

» 树木葱茏的贺兰山（纪录片《贺兰山》剧照）

» 滚钟口

五十余处"，而清《定远营记》碑刻则载"七十二之要隘"。

　　据近人统计，贺兰山东侧自北向南，共有宁静口、镇北口、韭菜口、崇庆口等三十八个较大的山口。山之西侧，从北至南计有归德口、大风口、句驿墩口、杀虎墩口等三十一个较大的山口。

　　在这为数众多山口中，有军事要塞三关口，昔日佛教圣地拜寺口，森林公园苏峪口，还有一处奇特山口——滚钟口。

　　从宁夏回族自治区首府银川出发，向西北方向行驶三十五公里，抵达贺兰山东麓，便是著名的贺兰山胜景滚钟口。

　　滚钟口，民间称作"小口子"，山口面东敞开，三面环山，形似一口大钟，内有一座小山，人称"钟铃山"，仿佛是钟内悬挂着的钟锤，"滚钟口"由此得名。

滚钟口一带山势绵延起伏，叠嶂沟壑，树木葱茏，各种树木层次错落，包括常绿树和落叶树木，共有七十多种。春夏之时，滚钟口内遍谷高杉，古槐苍劲，松柏挺拔，满目葱绿。行走于山间，洋槐郁郁葱葱，白杨绿荫遮道。山涧细流潺潺，山坡上绿树红花，相映成趣。

　　滚钟口内分三条沟峪，西边沟尽头，在青羊溜山巅上，即便是六月酷暑，依然可见白雪覆盖山顶，即为著名的贺兰八景之一"贺兰晴雪"。

　　山花绿树、细流飞泉、深谷探幽，使贺兰山成为自古以来著名的避暑胜地。2004年，在滚钟口发现西夏大型宫殿遗址，发现的柱础有的甚至超过北京故宫的柱础，在遗址周围几万平方米散落着大量琉璃瓦，数量之多，令人瞠目结舌，可以遥想当时宫殿之恢宏。宫殿遗址的发现，与史书记载相吻合，据《西夏书事》记载，西夏景宗元昊于天授礼法延祚十年（1047年）"大役丁夫数万，于（贺兰）山之东营造离宫数十里，台阁高十余丈，日与诸妃游宴其中"。

　　在遗址发现的柱础呈莲花形，格外引人注目，莲花在佛教中有着独特位置，莲花形柱础是否意味着，这里也曾有过大量佛寺的存在？根据西夏举国崇佛传统，在这么大规模的宫殿之内，肯定有皇家礼佛场所，令人惋惜的是，虽然在附近山石上和石碑上发现了几十个西夏文字，可惜由于太过久远，风化侵蚀得厉害，字迹不清，无法辨认。至于具体情况，还有待专家学者进一步考证。

　　西夏灭亡后，滚钟口宫室皆毁，变成蒙古人游牧转徙休息之地，然而，这丝毫没有改变它的宗教地位。相反，元明以降，吸引大量信徒前来礼拜，宗教寺庙也是屡废屡建。

　　据元朝士人袁桷所撰《清容居士集》载，蒙古人在山口北面修

» 贺兰庙

建贺兰寺一座，香火异常兴旺。贺兰山滚钟口不但是佛教的福地，也被道教称作"小洞天"。清朝光绪年间，在山中中锋北侧，依照山势兴建庙宇一座，称作贺兰庙。

贺兰庙供奉道教神祇，大殿分为三层，顶层供奉文昌帝君和真武大帝，二层供奉关羽、岳飞两位元帅，底层为龙虎二神像。

至民国初，贺兰庙年久失修，濒临荒芜，民国七年（1918年），由前清贡生梅子杰和丁顺丁福发起，重新修葺，古庙焕发昔日风采。后来逢"文革"十年浩劫，与全国大多数文物古迹一样，贺兰庙也难逃劫难。1984年，宁夏回族自治区政府拨款重修，使贺兰庙重放光彩。

16世纪末（我国处于明朝后期），有位叫克马伦丁·本·欧斯曼的也门伊斯兰先哲不远万里来银川一带传教，前后长达三十余年，为宁夏伊斯兰教传播事业做出了巨大贡献，深受广大穆斯林崇敬。克马伦丁·本·欧斯曼长老曾在贺兰山滚钟口一处山洞内冥思参悟，于明崇祯元年（1628年）七月十三日归真，葬于贺兰山滚钟口，教民为纪念他，为其修建了拱北。

克马伦丁·本·欧斯曼长老归真之后，每年逢长老归真之日，宁夏本地穆斯林群众络绎不绝赶来，诵经朝拜，还有甘肃、青海、新疆、宁夏、云南等地的穆斯林信众不辞劳苦，千里迢迢赶到滚钟口，举行朝拜活动。

在贺兰山的寺庙群落，其实远不止拜寺口和滚钟口，在贺兰山大小山口散布着规模大小不一的庙宇，譬如插旗口的鹿盘寺、苏峪口的有西夏庙遗址、韭菜口的北武当庙，以及在贺兰山西麓的贺兰山南寺。

贺兰山南寺由于与藏传佛教史上传奇人物六世达赖的渊源闻名于世，至今，南寺仍然供奉六世达赖喇嘛灵塔。六世达赖仓央嘉措

» 克马伦丁拱北

十四岁时剃度，入布达拉宫成为黄教领袖。康熙四十五年（1706年），仓央嘉措在西藏政教斗争中失势，被清廷废黜，解送京师，途经青海湖时圆寂。但是民间还有一种说法，仓央嘉措夜遁，化名为阿旺曲扎嘉措，游历印度、西藏、四川等地十年后，于1716年来到阿拉善，收阿旺多尔吉为弟子。1746年，64岁的仓央嘉措去世，当地信众为他修建了灵塔。他的弟子阿旺多尔吉经过多年准备后，在贺兰山西麓主持修建南寺，将仓央嘉措灵塔供奉寺中，南寺因此成为贺兰山一处藏传佛教圣地。

一座山，一个山口，容纳了佛教、道教、伊斯兰教，三大宗教在这里和睦共处，友好共存，这种奇特现象不但在全国而言，就是放眼世界也不多见。

在遥远的中东，有一座闻名世界的古城耶路撒冷，这座千年古城被犹太教、基督教和伊斯兰教共奉为圣城，而在耶路撒冷老城有一座叫作锡安山的圣山，它上面既有犹太教的圣殿遗址，同时有伊斯兰教的圣地金顶清真寺，这里还是基督耶稣被捕受难之地，是三大宗教的圣山。

锡安山在希伯来文中是"神圣的安详之地"之意，然而近两千年来，它从来没有安详平静过，留给后人太多苦涩与痛苦。就是在今天，在这里的一举一动，直接牵扯着世界三大宗教的脉络，稍不留神就会引发冲突与流血。

与锡安山一比，贺兰山显得从容不迫，以宽博胸怀吸纳着不同的三个宗教，尽管它没有锡安山那样显赫的地位，但它带给了人间更多祥和与安宁。

第五章

山佑水脉

贺兰山与黄河，一山一河，山如父，河似母，

贺兰山以巍峨身躯遮风避雨，

黄河以滔滔河水哺育鞠养，

历代王朝都将黄河水利开发作为头等大事。

千百年来，引黄水渠的兴建，

形成了渠沟交错的完备水利设施，

造就富饶的宁夏平原，赢得了『塞上江南』美誉。

一、山、河与平原

　　黄河自青藏高原出发，一路奔腾，犹如一条长龙，一路向东，浩浩荡荡，在高山峻岭之间，以势不可当之力，斩山为谷，喷涌倾泻而下，至黄土高原，裹挟大量泥沙，从宁夏中卫县南长滩入境，至石嘴山市头道坎出境，流经宁夏十二个县市，全长三百九十七公里，其中最窄处五公里，最宽处四十五公里，流经面积八千平方公

» 黄河鸟瞰图（大型纪录片《神秘的西夏》剧照）

» 黄河与贺兰山相伴而行（纪录片《贺兰山》剧照）

» 宁夏平原（纪录片《贺兰山》剧照）

里，为宁夏灌溉了六千六百平方公里的良田。

　　回顾一部中国历史，就是一部治理黄河史。我们的历史是从治水开始，大禹治水的故事是我们民族的最初记忆，至今依然家喻户晓。黄河，作为中华民族的母亲河，孕育了灿烂的中国古代

扫一扫　看视频
黄河与贺兰山

第五章　山佑水脉

» 银川市区具有大面积水域（纪录片《贺兰山》剧照）

文明，但同时它也是一条给中国人带来深重灾难的河流，历史上黄河屡次改道，给世人留下了深刻的惨痛记忆。然而，唯有一段是例外，那就是黄河在宁夏境内段。

黄河进入宁夏境内后，一改咆哮的气势，开始变得温顺起来，它在宁夏沙坡头来了一个漂亮的 S 形大转弯，然后掉头，与贺兰山并肩一路向北。黄河不但给宁夏带来充足的水源，而且带来的大量泥沙，冲积而成大片肥沃的土地。贺兰山用父亲一般巍峨的身躯，为宁夏平原遮挡来自阿拉善草原的风沙，黄河像母亲一样滋润哺育着宁夏平原，成就了宁夏平原"塞上江南"的美誉。黄河水流经宁夏的许多地方，远观河水几乎与农田平齐，立于河岸，河水触手可及，但在过去的千百年中，几乎从来没有造成水灾。因此，许多民间谚语，从来不吝言辞赞美宁夏境内的黄河，"天下黄河富宁夏""黄河百害，唯富一套"等谚语俯拾皆是。

扫一扫　看视频
宁夏平原的
自流灌溉

宁夏人民对黄河怀有深厚的感恩之情。2011年 4 月，一座青铜铸就的庞大建筑群在宁夏青铜峡市黄河河畔落成，它就是宁夏人民为了敬黄河、祭拜黄河、感恩黄河而建造的"中华黄河圣坛"。黄河坛于 2010 年 5 月开工建设，历经一年，在2011 年 4 月底建成，它长九百九十九米，宽二百米，建筑面积六点五万平方米。黄河坛背靠贺兰山山脉，隔河与牛首山相望，左傍万里黄河臂弯，右依青铜峡峡口。黄河坛分为思恩区、礼恩区、感恩曲三部分，表达了宁夏人民饮水思源、礼恩追远和感恩戴德的深厚情感。

黄河坛共有一百零八件青铜器艺术精品，三十六件石刻艺术雕作。九十九米长的农工大道，大道左右两侧设置了二十四节气的图腾柱，以春种夏长秋收冬藏为主体，道路中间是十八面石鼓，记载了自远古时代一直到新中国成立以来历朝历代的农业政策。中华黄河坛就是一部厚重的黄河文化大百科全书。

公元前 221 年，秦始皇统一六国，建立起空前强大的秦帝国，当时北方匈奴也在迅速崛起，不时地南下劫掠秦朝沿边郡县，为了遏制匈奴的扩张势头，秦始皇决定主动出击。公元前 215 年，秦军大将蒙恬奉秦始皇之命令，率三十万大军，挥师北上，将匈奴从河套一带驱逐出去，沃野千里的河套地区被并入大秦帝国版图。

为了在河套地区站稳脚跟，并扎根发芽，秦廷将内地大量军民强制迁徙到河套地区的黄河两岸。河套平原在秦汉之际被称作河南地，这里曾经是匈奴的肥沃牧场，秦人开始将它们开垦成农家田园。秦国之所以能够统一中国，得益于商鞅变法后形成的一套完备的制度，其中最核心的就是耕战立国，发达的农业使得秦国有足够的国力来抵消战争带来的巨大消耗。发展农业离不开完善的水利灌溉系统，秦国在统一六国之前，就在境内修建了至今仍在发挥功效的都江堰和郑国渠，积累了丰富的水利技术。大量秦人移民来到宁夏黄河岸边，来到贺兰山下，开始建立他们的新家园，人群中肯定有经验丰富的水工，正是这些人修建了宁夏境内最古老的灌溉水渠。

在宁夏青铜峡北有一渠口，引黄河水向东北流经吴忠市到灵武市，后世称之为秦渠。目前可以找到的史料记载，宁夏引黄灌溉的古渠可以追溯到汉代，对于秦渠是否开自秦朝，学术界历来有争议。鉴于秦朝不过短短十五年就崩溃了，随后，匈奴在河南地卷土重来，当地的移民、戍卒大量逃亡。因此在短短数年内，大规模地开渠不大可能，这也是为何在史书中没有秦渠记载的原因，但不排除在这期间有小规模毛渠的开凿，不管怎样，秦朝开启了宁夏平原

» 古秦渠引水口地理标志点（纪录片《贺兰山》剧照）

修建引黄灌溉水利工程之先河。此后两千多年，历朝历代都在宁夏平原修建水渠，从渠名就可以看出来：秦渠、汉渠、唐徕渠、大清渠等，念叨这些名字，就如在翻阅一部宁夏水利发展史。这些古代水渠总长度足有一千八百公里，相当于从银川黄河边开凿了一条直到北京的引水渠。

汉朝建立后，鉴于强大秦帝国短短数年就土崩瓦解的历史经验教训，对许多政策做了有针对性的调整，移民政策也是如此。秦朝向河南地迁徙的移民，大多数是罪犯，带有强迫性质，因此，稍微有风吹草动，他们便纷纷逃亡。汉武帝派大将卫青、李息从匈奴楼烦王、白羊王手中夺回河南地后，采纳主父偃的建议，设立朔方郡，汲取秦朝的失败经验，因势利导，用较为优厚的条件招募移民充实河南地，元狩四年（前118年），关东地区遭遇大灾，饥民遍野，汉廷趁势劝募移民十万人迁往河南地。

从汉文帝到汉武帝期间，前后组织了六次大规模移民，总计两百万人口，其中近百万人口迁到河南地，占移民总数一半。贺兰山与黄河以东的宁夏平原，在河南地中应属于开发最好地区，共有三十万人被分配到这里。

汉朝时期，今天宁夏地区分为南北两部分，北部属北地郡，南部属安定郡。北地郡下辖富平、灵武、灵州、朐衍和廉县，安定郡下辖高平、朝那、泾阳、乌氏、参、卷、三水。宁夏移民区重点区域为富平县、灵武县、灵州县、廉县四县及朐衍县沿黄地区，大致相当于今天银川平原黄河两岸。为了尽快使移民区农业发展起来，汉廷在这里展开了大规模的水利设施建设，《史记·平准书》载："朔方亦穿渠，作者数万人，各历二三期，功未就。"可见当时花了巨大代价来兴修水利。

汉朝在移民新区，推行严密的社会组织，大兴水利，推广赵过发明的"代田法"和新式农具，普及耕牛，这些措施使得秦末以来荒芜的农业生产很快得到了恢复，使人民乐迁、安心、致富，很快就把新垦区建设成为一个"新秦中"，说明了汉廷采取的移民政策行之有效。

汉朝在河南地移民，兴修水利，大力发展农业，使得贺兰山下开始出现半耕半牧、农牧两旺的繁荣景象。汉军北驱匈奴后，在宁夏平原的原有匈奴政权崩溃，但不少匈奴普通牧民还是留在贺兰山一带继续过着游牧生活。

秦汉之际，贺兰山的林草资源丰富，是野生动物的天堂，也是水草肥美的牧场，青草地上羊群弥野。直到如今，宁夏平原局部地方仍然保留着牧羊的习惯。黄河东岸的盐池县滩羊，当地人称它们"吃着甘草、喝着矿泉水"长大，滩羊不但肉质鲜美，而且所产的裘皮与众不同，毛色洁白，光泽如玉，花穗美观，轻而且暖，是羊产裘皮中的佳品，又大都是在草滩上放牧，便把这种羊皮叫"滩

» 宁夏滩羊（纪录片《贺兰山》剧照）

» 古长城边的羊群（纪录片《贺兰山》剧照）

皮"，同时民间将滩羊裘皮称为"二毛皮"，为盐池县赢得了"中国滩羊之乡"的美誉。宁夏人民经过长期的摸索，将一月左右的滩羊羔皮制成的二毛皮，薄如同厚纸，柔软的外观中带有坚韧的质地，二毛皮制成男女冬装，穿着舒适，美观大方，保温性能极佳。用其制作高档服饰的镶边，典雅别致，独具风韵。

黄河水在贺兰山下已经平静地流淌了数百万

扫一扫　看视频
宁夏滩羊

年，山护佑着水，水依偎着山，山水相望，一起造就了富庶的宁夏平原，由于贺兰山，西北风放缓了脚步，由于黄河水，宁夏平原成了米粮川。

黄河不仅给宁夏提供了丰富的灌溉水源，在过去，还是宁夏通向外界的黄金水道，而当时在黄河上的主要运输工具是古老的羊皮筏子。筏子古称革船，根据材质不同，分为

» 羊皮筏子

牛皮筏子和羊皮筏子。宁夏地区多羊，而且羊皮材质比牛皮轻便，且价格相对低廉，所以多采用羊皮筏子。羊皮筏子在黄河漂流的历史可以追溯到汉唐时代，作为一种水上运输工具，它的使用时间跨越了两千年，使用区域，从黄河发源地的青海到黄河出海口的山东都有它的身影。

羊皮筏子制作时，将羊皮像脱衣服一样从羊身上完整地扒下，经加温脱毛后，用菜油、食盐渍泡，经缝制、充气后，形成一个气囊，十几只这样的气囊拴在一起，上面再绑一个大木架子（用防腐又有韧性的柳木做成），皮筏子即告完成，既可载人，也可载物。

以前，在黄河上漂流的羊皮筏子中，小型羊皮筏由十多只羊皮袋扎成，多用于短途运输，最大的羊皮筏子，则用多达六百多只羊皮袋扎成，长二十二米，宽七米，前后共配置三把桨，每桨由两人

操纵，载重可达二三十吨，日行两百多公里，当它在滔滔黄河上漂行，远远望去，犹如艨艟踏浪前进，气势蔚为壮观。

宁夏地区过去有大量从事用羊皮筏子载人或者运输物品的人员，他们被称作筏子客。新中国成立前，宁夏境内的物产，像枸杞、甘草、羊毛等，都是由筏子客们从宁夏境内的渡口沿着黄河漂流而下送达包头。由于筏子是借着水势漂流，本身没有任何动力，所以卸货完毕，返回时候，要背着筏子原路返回，因此，民间有"下水筏背人，上水人背筏"的俗语。

上世纪五十年代后，随着公路网的逐步完善和铁路的开通，羊皮筏子终于完成了它的历史使命，慢慢退出人们视线。如今，只有偶尔在风景区会看到羊皮筏子，不过它已变成一种休闲玩乐的工具。

黄河在宁夏境内与贺兰山完美地结合在一起，形成独特的自然地理位置，让游牧文化和农耕文化都在这里找到属于自己的位置，并和谐相处了两千多年，在如此漫长的岁月中，它们在不断地丰富各自的内涵。

二、天文学家的水利事业

相对于汉唐明清，在大一统王朝中，元朝处在比较尴尬的位置，对于大多数中国人来说，这个近百年的王朝，既熟悉又模糊，对它的了解也仅限于几个概念，比如成吉思汗、忽必烈、版图空前辽阔、元曲等，而就在这为数不多的关键词中，有一个人，大家有

» 唐徕渠旁的郭守敬雕像（纪录片《贺兰山》剧照）

一个初步的朦胧概念，他就是郭守敬。

　　历史上总有一些人，他们的成就横跨很多学科，本人涉足很多学术领域，但由于他在某一方面的成就被家喻户晓，以至于人们忽视了他在其他方面的建树。举例来说，对达·芬奇的印象停留在是一个画家，殊不知，他是人类历史上为数不多的几乎是百科全书式的人物，他的研究领域涉及建筑、物理、机械、音乐等几乎当时人类所知的学科。还有张衡，一般人只知道他是一个伟大的科学家，其实，他同时还是杰出的文学家，如果没了他，两汉文学史将黯淡很多。

　　同样提起郭守敬，人们马上想到，他是杰出的天文学家，的确，他改进和发明了许多天文测量仪器，其中包括简仪、高表、候极仪、浑天象、玲珑仪、仰仪、立运仪、证理仪、景符、窥几、日月食仪以及星晷定时仪12种，主持组织了"四海测量"和登封观星台的修建，编制了《授时历》。由于他在天文学取得的成就太过耀眼，以至于人们忽略了他另外一个重要身份——一名伟大的水利学家，他的水利建设成就相当重要的一部分就在宁夏境内。

自汉武帝在河套地区实行大规模的军屯和移民实边政策后，宁夏平原上的水利灌溉工程建设就再没停下来，历代都有建设和修葺。汉朝时期，宁夏灌区水利迎来首次大发展。宁夏现在仍然还有数百公里的汉渠和汉延渠在发挥功效，灌溉着近十万亩农田。北魏统一中国北方后，大力恢复前代留下的水利设施，太平真君五年（444年），在薄骨律镇（今宁夏吴忠市西北）镇将刁雍主持下，修建了著名的有艾山渠（艾山，今在宁夏青铜峡）。修建艾山渠时，刁雍对以前历代灌渠遗迹开展了实地考察和测量，取得了丰富的一手资料。在总结前人经验基础上，对水渠的选址和布局进行了缜密合理的安排。观察艾山渠的遗址，就是站在今天角度来看，无论是从渠口的选址还是渠首坝的建筑，艾山渠的引水技术都是相当合理与先进的，基本达到了黄河西岸能够自流灌溉的最大面积。艾山渠修成后，银川平原农业迅速得到恢复和发展，成为北魏西北边疆主要的粮食生产基地。艾山渠对后世银川平原水利事业有着极大的促进作用，从而对宁夏平原的"塞北江南"形成奠定了基础。

进入隋唐后，国家强盛，宁夏引黄灌溉水利设施进一步日臻完善，仅文献记载比较著名的灌渠就有：薄骨律渠、七级渠、特进渠、光禄渠、汉渠、御史渠、尚书渠、胡渠、百家渠等。唐朝地方军队中，驻灵州的朔方军始终是一支强大的军事力量，常规屯兵六千四百人，马匹四千三百匹。如此庞大规模的军队建制，一方面由于灵州靠近贺兰山，有着天然优良牧场，另一方面得益于宁夏平原发达的水渠，使得朔方军有着充足的粮草储备。当时，唐朝和吐蕃历次交战，吐蕃曾前后两次攻破长安，但围攻灵州前后持续近三十年，但一直无法占领。这种现象，除了朔方军剽悍的战斗力外，发达的农业使得灵州军民有足够的物资储备，支撑起持久战。这一点，当时吐蕃人也看了出来，他们一度曾设法堵塞汉、尚书、御史三渠引水口，想法破坏唐兵屯田。于是灵州一带灌溉水渠成了第二战场，唐朝和吐蕃围绕水渠展开了多年的斗智斗勇。

宋朝时期，河套地区被西夏占领。西夏国土面积包括今宁夏全部及陕西、甘肃、青海、内蒙古的部分土地，与北宋和辽形成三足鼎立之势。西夏定都兴庆府，宁夏平原是它的核心区，依仗这里优越的水利条件和发达的农业，它能够维持一支庞大的常规军，足有五十万之众，割据西北近二百年。为了加强水利灌溉管理，西夏在法律层面对水利设施的使用做出了严格规定，比如《天盛年改定新律令》就有专门针对灌溉制度的条款。西夏开国皇帝元昊即位后，对农田水利建设特别重视，不但下令设立农田司这样负责水利设施的专职机构，而且在对年久失修的艾山渠、汉延渠重新修建基础上，开凿了一条三百里的长渠，后世称作吴王渠。

由于蒙古人在灭西夏过程中遭到了前所未有的顽强抵抗，付出了惨重代价，导致蒙古人消灭西夏后，展开了疯狂的报复，破坏了西夏境内的一切，宁夏平原上水利工程也遭到了严重的破坏，引黄灌渠被淤塞、毁坏严重。

蒙古人游牧起家，习惯于马背生活，起初，对农业生产抱着不屑一顾的态度，进入中原后，有人甚至向元世祖忽必烈提出将中原良田变成牧场。幸亏忽必烈长期在汉地，深谙农业的重要性，加上身边有刘秉忠等儒臣的影响，这种荒唐的建议才没得到采纳。

忽必烈即位后，他的大汗之位先后遭到阿里不哥和海都的挑

宁夏平原汉延渠（纪录片《贺兰山》剧照）

战，双方交战多年。为了保证大军在西北作战，能够及时得到粮草补给，有"西北粮仓"之称的西夏故地，成为最近的蒙古汗国军队供应地。但宁夏水利设施失修已久，引黄灌渠无法发挥作用，田园荒芜，农业一片萧条。至元元年（1264年），忽必烈任命中书左丞张文谦出任西夏中兴等路行省长官，并命诸路河渠提举郭守敬同行，具体负责宁夏治水复屯事宜。

郭守敬（1231—1316年），字若思，顺德路邢台（今河北邢台市）人，元代大科学家、天文学家和水利专家。他出身书香门第，祖父郭荣精通数学和水利，郭守敬自小耳濡目染，颇受家学影响。稍长后，他被祖父送到刘秉忠处学习。刘秉忠与郭荣是好友，他是元初名臣，精通天文、地理、数学，元朝的典章制度大多出自他之手，还主持修建了元大都。师承刘秉忠这样的大家，加上郭守敬天资聪明过人，不出几年，学业大进。

中统元年（1260年），刘秉忠将郭守敬推荐给老朋友张文谦，郭守敬跟随张文谦在大名（今河北大名县）参加水利设施建设。又过了两年，张文谦把郭守敬举荐给元世祖忽必烈。在接受忽必烈召见时，就如何兴修水利，他提出了六条措施，每条都有独特见地，让忽必烈赞叹不已，随后任命郭守敬为诸路河渠提举，负责全国水利。

赶赴宁夏后，郭守敬沿着黄河两岸实地勘测，然后对宁夏平原水渠和灌溉农田进行了仔细的测量，对干渠、支渠的数量、长度、溉田亩数等进行统计调查，对地势、水情、水利灌溉情况做到了了然于胸。

对如何开展宁夏地区水利设施修建，有人主张废弃旧渠，另开新渠，郭守敬根据调查结果，提出"因旧谋新"的意见，反对另

开新渠，他认为开新渠费工费时，重点应放在维修疏通古渠，对废坏淤塞的汉延、唐徕、秦家等渠进行修复。郭守敬设计出了一系列先进的方案措施：为减弱水势建滚水坝，在渠道引水处筑堰以提高水位，建渠首进水闸以保证渠道有充足水量，建退水闸以调节流量等。

郭守敬的这些技术方案，在以后宁夏水利建设中，得到广泛运用。为了控制水流、水量，他普遍修建水坝和水闸，遇到天旱，开闸引水入田，进行灌溉，如果逢涝季，则关闭闸门，防止泛滥，使得水利灌溉系统兼具灌溉和防洪两种作用。

在郭守敬的带领下，宁夏屯田军民共修复疏通了唐徕、汉延等主干渠十二条、支渠六十八条，九万余顷土地恢复了灌溉。此次施工，构思巧妙，设施齐全，工程质量好，直到明代中期还在发挥功效。郭守敬开创坝闸节制水量办法，至今在宁夏引黄灌区仍普遍运用。从开渠引水，到建坝蓄水和设闸控水，是人类水利史上的一次质的飞跃，是农田人工灌溉史上的巨大进步。

元人齐履谦根据郭守敬的事迹，写了一篇《知太史院事郭公行状》，其中提到一件事，郭守敬曾向元世祖忽必烈提出探寻黄河源头，他"尝挽舟溯流而上，究所谓河源"，至于探寻结果如何，史书没有留下任何记载，但郭守敬是第一个探寻黄河源头的人。至元二年（1265年），郭守敬乘舟"顺河而下，四昼夜至东胜"，实地勘查黄河河道，向忽必烈建议在宁夏黄河段兴办漕运（即水道运粮）。

忽必烈根据郭守敬的建议，下令开通从应理州至东胜的水路运输，该水路总长八百五十多公里，其中近一半在宁夏境内，沿途设水路驿站十个，其中应理州、鸣沙州、灵州、中兴等沿河城市口岸都设有水路驿站。每个驿站都配有驿船和水手，每个驿站给牛十头、羊百只，并置驿舍，拨耕地。此后，宁夏的黄河航运业慢慢发展起来。

郭守敬修建水利，整顿农田后，当年为了躲避战乱外逃的当地百姓又开始逐渐重返故土，建设家园。伴随着黄河水灌溉，宁夏平原重现人丁兴旺，农业发展，到处一片生机的景象，再度出现了久违的塞上江南的风光。

在郭守敬兴修宁夏水利期间，还有一个人发挥了重要作用，他就是时任西夏中兴路行省郎中的董文用。据《元史·董文用传》记载：元世祖忽必烈即位之初，宁夏爆发浑都海、阿蓝答儿之乱。浑都海、阿蓝答儿反对忽必烈即汗位，打出拥护阿里不哥为大汗的旗帜。当地百姓担心被叛军殃及，纷纷逃入深山老林避乱。董文用到任时，叛乱已经平息，但百姓们还是不敢回来，他便到处张贴安民告示，众人得知后，人心稍安，开始安心返回家中。

董文用趁势发动百姓疏通古唐徕、汉延、秦家等渠，将中兴、西凉、甘、肃、瓜、沙等州的旱田改造成水田。当时回归百姓足有四五万户，董文用保证每户人家都分到农具、种子和田地。总体来说，当时应该是张文谦主持牵头宁夏水利设施的维修和疏通工作，郭守敬和董文用具体负责。

郭守敬对宁夏地区的开发和发展做出了不可磨灭的贡献，当时老百姓为了表达对这位伟大水利专家的感激之情，在河渠之上给他修建了一座生祠，春秋之时祭拜。生祠，是为活着的人建立的祠庙，非有绝世功劳不足立，可见郭守敬在老百姓心中的崇高地位。

郭守敬去世以后，对他的纪念从来没有停止过，1962 年，我国邮电部发行了绘有郭守敬半身像与简仪的两枚纪念邮票。1981 年，国际天文学会在北京召开会议，隆重纪念郭守敬诞辰七百五十周年，同时将美国在月球上发现的一座环形山命名为"郭守敬山"。1977 年，中国科学院紫金山天文台将在1964 年发现的编号为2012 号的小行星，正式命名为"郭守敬星"。作为一名伟大的天文学家，他化身为星，从九天之上俯视神州，是最

» 郭守敬纪念邮票

» 沙坡头

» 沙坡头王维雕像

恰当不过的了。今年恰逢郭守敬去世七百周年，笔者行文至此，也算是向这位先贤的致敬！

三、水与沙

"大漠孤烟直，长河落日圆"，相信每个人读到盛唐诗人王维这两句诗的时候，眼前仿佛缓缓展开一幅边塞风景画卷，诗中所表现出来的雄浑意境令人赞叹不已。王维诗中描述的奇特风光就在今天宁夏境内，一个称作沙坡头的地方。

开元二十四年（736年），吐蕃发兵攻打唐属国小勃律（在今克什米尔北）。次年春，河西节度副大使崔希逸在青涤西大破吐蕃军。唐玄宗命王维以监察御史的身份奉使凉州，出塞宣慰，察访军情，并任河西节度使判官。当时贤相张九龄已被罢官，王维此行，名为出使，实则被排挤出朝廷，所以一路走来，心情很低沉。当他在西行途中，进入宁夏，抵达沙坡头，面对边塞壮丽的山河景象，心胸也不由开阔起来，沙坡头无意中激发了诗人灵感，留下了千古传唱的诗句。

大漠黄沙，水乡泽国，巍峨高山，沙与水，水与山，这种看似完全不相干的景观，在沙坡头却完美地结合在一起，产生了一种奇异之美，不能不说，这是一个奇迹。

宁夏的复杂地质结构和特殊地理位置，产生了多元地貌。腾格里沙漠南北长二百四十公里，东西宽一百六十公里，总面积约四点三万平方公里，为中国第四大沙漠，它一路东扩，抵达贺兰山西麓，被贺兰山挡在宁夏境外。贺兰山对宁夏来说，不仅仅是屏障，还是调节气候的阀门，既削弱了西北高寒气流的东袭，也阻止了潮湿的东南季风西进。

腾格里沙漠黄沙滚滚，不断吞噬一切，等抵达宁夏中卫市城西二十公里处时却被滔滔黄河拦住去向，被迫停下脚步。贺兰山与黄河，一山一河，携手遏制住了腾格里沙漠，为宁夏保留了一方净土。从腾格里沙漠卷来的漫漫黄沙，像一只怪兽，被突然冲出的黄河拦住去路，猝不及防，来不及刹车，便在黄河西岸堆起一座百米高的沙山，黄河与沙漠的较量，为宁夏创造了一处奇观——沙坡头。

在沙坡头方圆不足二十公里范围内，腾格里沙漠、黄河黑山峡、香山山脉、贺兰山脉南段余脉、卫宁绿洲平原等巧妙地融合在一起，高山峡谷、大河荒漠、平原绿洲等各种不同的地貌尽在这里汇聚。当你立足沙坡头，举目眺望，北面为无垠的腾格里沙漠，绵绵黄沙一眼望不到边际，南面为绿树成荫，一片郁郁葱葱的绿洲平原，黄河涛涛，从中间穿流而过，西北风光之雄浑大气与江南景色之秀美，携带氤氲的水汽，扑面而来，尽收眼底，让人不由得为大自然之造化而惊叹。

沙坡头古称"鸣沙山"，清人顾祖禹所撰《读史方舆纪要》摘引元代史志记载："自兰州而东，过北卜渡，至鸣沙河，过应理州，正东行至宁夏路。鸣沙河，即宁夏中卫鸣沙山南黄河也。"这里所说的"鸣沙山"，即今之沙坡头。

沙坡头是丝绸之路通往西域的要塞，也是古代军事咽喉要道。这里不但具有举世罕见的自然风光，也有丰厚的人文积淀。在沙坡头，石器时期遗址，古岩画、古陶窑遗址，秦汉长城古烽燧，古丝绸之路要塞都在无声讲述这里悠久的历史。如今的沙坡头是著名的旅游景区，是国家级沙漠生态自然保护区。然而，沙坡头最先被世人认知的，并不是它的旅游景观，而是治沙成就。

如果乘坐飞机飞越沙坡头包兰铁路上空，俯视下方，会意外发现，在沙漠中有一条宽大数公里的"绿带"，往来于包兰铁路上的火车，则在"绿带"中间飞驰而过。在沙漠中修铁路，是个举世公认的老大难问题。世界上曾有一些沙漠铁路在通车以后，因无力抵挡流沙的不断侵袭，最后被迫改道。

包兰铁路从宁夏沙坡头地区穿越腾格里沙漠，于1958年成功通车，成为中国首条沙漠铁路。包兰铁路原本没计划从沙坡头通过，很显然，在没有沙漠的黄河南岸更适合修铁路，但可惜的是，根据地质勘探结果，黄河南岸的地质结构太复杂，达不到修铁路的基本要求。地质勘探者不甘心，又提出了许多可以让铁路绕开沙漠

» 包兰铁路沙坡头段（张碧迁提供）

» 1963 年 9 月中旬，竺可桢（前左一）视察沙漠里生长的植物沙拐枣

的方案，但由于种种原因，都没有通过，最终，还是选择了将铁路修在沙坡头。成功通车并不意味万事大吉，真正的考验才刚刚开始，如何防止流沙对铁路运营的危害，这个严峻的难题，摆在人们面前。时任中国科学院副院长的竺可桢率领一百多名专家学者，奔赴沙坡头开展防沙治沙。

1959 年夏季，竺可桢沿包兰铁路到内蒙古、宁夏、甘肃三省（区）视察。在宁夏，他先后赴灵武、盐池一线调查，一路上，看到到处是流沙，严重威胁农田、水渠、公路、村庄和城镇。

对于流沙的成因，竺可桢根据现场分析指出，对森林的乱砍滥伐、过度开垦与放牧等人为破坏，是主要原因。在竺可桢提议下，建立了沙坡头试验站，在他的指导下，工作人员在三年内引种成功了 12 种植物，经过反复试验，最后通过采用麦草方格锁织固沙，并在麦草方格内选种耐旱植物，形成人工植被，成功解决了流沙移动问题，扭转了沙进人退的局面。

所谓麦草方格，即先在沙丘上画出方格网线，将修剪均匀的麦草、稻草、芦苇等材料沿线放置，用铁锹将中段压入沙层内，两端翘起，露出沙面，然后将花棒、柠条、红柳、刺槐、沙枣树等耐旱植物种在这些方格里面。这些环环相扣的草方格，看似不起眼，但会增加沙地表层的粗糙度，削减风力，使之无力携走疏松的沙粒。随着植物在草方格中定居生长，沙面趋向固定，有机物逐渐在沙层中积累。草方格还有截留雨水的作用，冬季的降雪能停留在原地不被风吹走。

沙漠恶劣的环境，使得生物很难生存下来，随着麦草方格的铺设，给沙土中微生物创造了有利的生存条件，一个个小小的"格子间"为滋生微生物提供了温床。几年后，麦草便会在流沙中渐渐腐烂，腐烂物会产生丰富的有机物质和营养元素，改善了流沙的土壤结构，促进微生物的生长繁殖，加速有机物的腐烂分解，为沙生植物和藻类提供更多可利用的营养物质。如此周而复始，形成良性循环。慢慢地地衣、蕨类植物开始出现，然后草本植物、灌木逐渐成长。昔日漫漫黄沙地，变成了绿色画卷。

1963 年，竺可桢再次来宁夏中卫沙坡头、营盘水等地观察治沙工作，肯定了宁夏治沙工作取得的成绩，并提出了不少好的看法和建议。

对于沙坡头治沙情况，竺可桢在他的那篇特别有名的文章《向沙漠进军》中做过介绍，这篇文章因后来被选入中学语文课本，广为人知。他在文中写道："我们向沙漠进军，不但保护了农田，开辟了绿洲，而且对交通路线也起了保护作用。包兰铁路从银川到兰州的一段，要经过腾格里沙漠，其间中卫县（现为中卫市）沙坡头一带，风沙特别厉害，那里沙多风大，一次大风沙就可把铁路掩埋。有关部门在1956年成立了沙坡头治沙站，进行固沙造林，这一工作已经提前完成。包兰铁路通车以来，火车在沙坡上行驶，从来没有因为风沙的侵蚀而发生事故。"

竺可桢为宁夏治沙倾注了很大心血，为了表彰他对宁夏经济发展所做的贡献，邮电部于1988年4月28日发行了《气象学家和地理学家竺可桢》的纪念邮票，宁夏人民永远不会忘记他所做的贡献。

沙坡头治沙的成功，使得麦草方格固沙方法，吸引了全世界的目光，世界各国的治沙专家、学者云集沙坡头，探讨学习治理沙漠的成功做法。沙坡头治沙于是被称为"世界堪称一流的治沙工程"！

世界各地旅游景区，伴随着旅游业的旺盛，大量游人的到来，一旦超出景区环境的承受能力，久而久之，难免会出现不同程度的环境退化现象。沙坡头打破了这个惯例，它将环保成果发展为旅游资源，随着旅游业的兴盛，它的环保成果也同步在逐渐壮大，这对国内旅游业界有很大的示范作用。沙坡头的成功治沙是宁夏人数十年勤劳奋斗的成果，是全体宁夏人的骄傲，然而这样成功的案例在宁夏并不是孤例，在宁夏有一位农村妇女，带领乡亲们，用三十年时光，向沙漠讨回了八万亩良田。

2000年5月5日，时任中共中央政治局常委、国家副主席的胡锦涛来宁夏视察工作，在百忙之中，他特意抽出时间来到盐池县一户农家，看望一名叫白春兰的普通农村妇女，对她二十年如一日艰苦创业、坚持不懈的治沙精神给予高度评价，称赞她不仅是勤劳致富的模范，也是防沙治沙的功臣。

白春兰是一名平凡农村妇女，她以一己之力，用二十年时光，硬是在沙漠边缘打造出一大片绿色，挖出了鱼塘，种上了庄稼，带领乡亲们走上了致富之路。

白春兰家在盐池县柳杨堡乡冒寨子村，以前，当地风沙灾害严重，干旱缺水，连保证基本人畜用水都很困难，庄稼经常歉收，有时候一年下来，甚至颗粒无收，基本属于靠天吃饭。

1980年，白春兰听说离家八公里外的沙边子村有个叫"一棵树"的地方，水层较浅，挖沙两米就能挖出水来，便和丈夫冒贤合计说："咱到'一棵树'去吧，那里或许有奔头！"次年春天，白春兰和丈夫赶着一辆毛驴车，与本村十户人家，来到了"一棵树"，自此开始了她长达二十多年的治沙生涯。

沙边子村，地处毛乌素沙漠边缘，每年沙暴天气多达三十天，风速超过每秒五米，夏天最高气温可达五十摄氏度。恶劣的环境没有吓退白春兰，夫妻俩每天往返八公里，从冒寨子村赶来平沙整地，植树种草。沙漠里没有任何可供遮阴的地方，尤其是中午太阳最毒时候，就仿佛置身于烤炉。饿了，啃点干粮，渴了喝几口凉水。吃再多的苦，夫妻俩都无怨无悔，最让他们痛心的是，有时候，刚刚栽下的树苗被突来的一阵狂风连根拔走，夫妻俩只得冒着风沙，把树苗一棵棵捡回来，再重新栽上。有时候，沙尘暴来了，树苗被流沙埋在下面，就匍匐在沙地里，用手刨出来。

经过三年的努力，夫妇俩辛辛苦苦开出的三亩水地，眼瞅地里的小麦长势喜人，已经丰收在望，夫妻俩满心欢喜，谁料一场突来的沙尘暴，将庄稼全部毁掉，夫妻俩欲哭无泪。有些村民，已经绝望了，便相继回村。面对失败，白春兰没有灰心，为了更好地种树，他们后来在"一棵树"搭起土坯房，把家当全部搬了过来，为了照顾孩子，他们把孩子们也带到工地上。

日子一天天过去，流沙一点点被制服，沙漠滩上开始出现了绿色。1984 年秋，白春兰第一次迎来收获的喜悦，他们收获了四麻袋小麦。成功的喜悦，让白春兰夫妇干劲更足，坚信治沙能吃到白面，也能增收致富。他们的精神感染了乡亲们，许多回去的村民，又重新返了回来。

经过近十年的努力，沙漠地带出现了大片树林，一片勃勃生机。白春兰的梦想也在一天天实现，1992 年，她推沙开挖了四亩鱼塘，投放数千尾鱼苗，成为盐池县第一家沙漠养鱼户，第二年，建起全县首座农家养猪温棚，日子一天天好起来，她对未来充满了憧憬。就在这时，由于多年劳累，丈夫冒贤患了肝硬化，病情日趋恶化，1997 年，撒手而去，年仅 48 岁，当时小儿子还在外地上学，家庭重担一下子全压在白春兰肩上。

生活的重担，没有压垮白春兰，依然坚强地从事治沙事业。多年的治沙实践，让白春兰悟出一个道理，吃苦耐劳和顽强的精神固然重要，但仅靠一腔热情是不够用的，还必须要有科学技术作指导。白春兰得知在离"一棵树"不远处，有一个兰州沙漠研究所治沙试验点，便跑去求教。工作人员听了她的事迹后，备受感动，教她在沙坡头治沙中取得成功的治沙方法——草格固沙，并帮她了解如何选择适应沙地生长的沙柳、杨柴、花棒等耐旱沙生植物苗种。了解科学治沙后，白春兰和乡亲们当年种植的树苗成活率有了大幅提高，达到 70%以上。

有了这次经历以后，白春兰此后只要听到有办培训班或有新的实用技术，无论多远，都要放下手中的事，前去学习。她利用自己所学的林草栽植技术，创造了"三行治沙法"，即以草挡沙，以柳固沙，栽植果树杨树防沙，既有效地遏制了流沙危害，又提高了经济效益。白春兰只有小学文化，但长期摸索实践，如今已是掌握十多项实用技术的治沙"土专家"。

　　白春兰和家人带领乡亲们前后治沙三十年，他们共种下八万株树木，封沙育林一千亩，围栏草原一百亩，治理沙漠达八万亩，靠着坚韧不拔的意志，在毛乌素沙漠边缘的不毛之地，改造出大片的绿洲。为了这一天，白春兰他们付出了常人难以想象的繁重劳动，长期在恶劣环境中超负荷的劳动，使她先后失去了两位亲人，继1997年丈夫去世后，2008年长子也因病去世。接连失去至亲，给白春兰带来巨大的悲痛，但她依然没有放下带领乡亲们治沙和走向致富道路的步伐。为了表彰白春兰、冒贤夫妇为治沙所做出的贡献，1995年以来，白春兰先后获得自治区劳动模范，全国"三八"绿化标兵，全国环保百佳先进个人，全国"三八"红旗手，全国"十大绿化女状元"，全国防沙治沙十大标兵，全国绿化劳动模范，全国扶贫贡献奖，"三北防护林"体系先进工作者，环境保护杰出贡献者，第二届、第三届中国"十大女杰"提名奖等荣誉。2008年，宁夏地方政府决定给他们建立一座"治沙英雄白春兰、冒贤业绩园"，接踵而来的荣誉，更加坚定了白春兰治沙的信心。

　　宁夏是我国荒漠化最严重的省区之一，荒漠化土地超过全区国土面积的一半，干旱缺水，土地贫瘠，使得当地百姓长期生活在贫困之中，白春兰和她的乡亲们用三十年创造了一个奇迹，开创了一条脱贫致富的道路，他们的精神感召了许许多多的宁夏人，也感动了许多中国人，就连好

扫一扫　看视频
宁夏的治沙

第五章　山佑水脉

153

多国外学者专家也赶来观摩学习治沙经验。

宁夏人先后在沙坡头和盐池边子村，分别向腾格里和毛乌素两大沙漠宣战，成功遏制了沙漠的扩张势头，并取得了令世人惊叹不已的治沙成就，扭转了沙进人退的困境，如果说它们是人类成功战胜恶劣自然环境，改善生存环境的典范，那么在贺兰山东麓平罗县有一处奇特的景观，它完全是大自然和人工合力出现的杰作。在这里，沙水相融，湖苇相映，沙漠、湖水、芦苇、水鸟、远山有机结合，江南水乡与大漠风光融为一体，构成了独特秀丽的景观，它就是著名的宁夏沙湖景区。沙湖水域面积二十二平方公里，沙漠面积近十三平方公里。

沙湖西依贺兰山，东临黄河。这一带的黄河古河道地下水渗出后，在低洼地带汇聚形成沙湖，以前当地人称之为红渠洼。1952年，在这里成立了国营前进农场，并开始种植水稻，逐渐形成了五百多亩稻田。在以后几年内，当地持续降特大雨，引发贺兰山暴发大规

» 沙湖（张碧迁提供）

模山洪，大量洪水汇聚，使得沙湖水平面持续升高，出现了近万亩的水域。水域面积不断扩大后，湖中开始出现鱼类。

上世纪 60 年代，大批志愿者来到宁夏参加建设，以建设军团这种带有半军事化方式建立组织机构，他们将自己的青春和汗水挥洒在宁夏，为建设宁夏做出了巨大的贡献。当时，我们国家处于物资极度缺乏的年代，这些年轻人从事高强度的体力劳动，但每天都吃不饱肚子。饥饿的煎熬，在无情地摧残着身体，为了填饱肚子，他们穷尽所有办法。偶然机会，发现了湖中有鱼，在那个特殊年代，这些鱼挽救了不少年轻的生命。为了繁殖更多的鱼，他们从别处移植来大量芦苇，种植到湖中，给鱼作饲料，意外的是，当时这件无意之举，却为沙湖添了一道景观，由于芦苇的不断漂移，在湖上形成了一簇簇芦苇丛，于是，沙湖出现了芦苇荡漾、鱼嬉其间、鸟翔湖面的塞上江南风光。

从某种意义上可以讲，上天特别钟爱宁夏，赠予一山一河，贺兰山与黄河，在这里造就了独特的景观，给宁夏人留下了宝贵的财富。沙与水，这种奇异的自然风光，宁夏人不仅仅成功创造出了沙坡头和沙湖这两个 5A 级旅游景区，还有与恶劣环境斗争的不屈精神和创建美好家园的信念。

第六章

丝路驼铃

贺兰山是丝绸之路上最重要的坐标之一，

见证了东西方文明的交流与兴衰。

固原为丝绸之路在宁夏境内的重要中转站，

这里有着深厚的文化积淀和丰富的历史脉络，

随着『一带一路』战略格局的展开，

宁夏也必将迎来新的辉煌。

一、一条路，两座城

扫一扫　看视频
贺兰山与银川的
历史文化

2015年，中阿经贸论坛在宁夏回族自治区首府银川举行，宁夏是我国唯一的回族自治区，鉴于宁夏在与阿拉伯国家交往中具有地缘、人缘、情缘等得天独厚的条件，银川被定为中阿经贸论坛永久会址。中阿经贸论坛在银川举办，为宁夏的跨越式发展提供了新起点。

中阿经贸论坛的前身为始于2006年的国际清真食品穆斯林用品节暨宁夏投资贸易洽谈会，经过四年多的发展，于2010年正式更名为中阿经贸论坛。中阿经贸论坛已成为中国和阿拉伯国家贸易

»　夜幕下美丽的中阿经贸论坛会馆（纪录片《贺兰山》剧照）

的沟通桥梁，是中国与阿拉伯世界之间的多边国际合作盛会。

其实，宁夏和包括阿拉伯国家在内的西亚、中亚地区的交流源远流长，可以追溯到两千年前。宁夏地处中国西北黄河上游中段地区，这里自古就是中西方交流的汇聚之地。从汉朝张骞出使西域以来，一条联通中西方的贸易、文化交流道路逐渐被开辟，它东起长安，西达地中海沿岸的古希腊、古罗马地区，被历史学家称作丝绸之路。

丝绸之路，像一条纽带，将东方中华文明，与中东地区的波斯文明、阿拉伯文明，以及欧洲古希腊古罗马文明紧密联系起来，成为中西方交流的大动脉，前后延续两千多年，这在人类文明史上也是个奇迹。在漫长岁月中，大漠夕阳，驼铃悠扬，一队队驼队，满载货物行走在这条充满艰险的道路上，一路要经过戈壁大漠，雪山草原，队伍中有使节，有僧侣，也有游学士子，但最多的还是商人，他们把两个完全陌生的世界联系起来。

贺兰山是丝绸之路上重要的分界点，历史上的丝绸之路，路线

» 丝绸之路上的骆驼队

» 丝绸之路古遗址（大型纪录片《神秘的西夏》剧照）

并不是一成不变的固定道路，往往因为各种外界原因，在不同时期，路线会出现很大变化。比如，河西走廊是丝绸之路上最重要的一段路线，在相当长时期内，丝路上的商旅驼队都是穿越大漠，经过河西走廊，踏入中原的，然而西夏时期，由于党项人掌控了河西走廊，他们大肆劫掠过往商旅，使得许多往来于中西方的商人，被迫改走祁连山南麓的青海道。但是，无论丝路路线怎么变化，每当进入宁夏，有一座城市是绕不过去的，它就是固原。

固原，古称萧关，又叫原州，是丝绸之路上的重镇。1983 年，固原发现了一座北朝时期的古墓，墓主人是北周开国重臣李贤夫妇。李贤，字

扫一扫 看视频
丝绸之路路线图

贤和，是北魏皇族鲜卑拓跋氏的后裔，后家族改姓李氏。李贤征战一生，曾担任原州刺史，为当时固原地区最高行政长官。

李贤墓被发现时，虽然有早年被盗的痕迹，但墓室结构基本保存完好。在墓道、过洞、天井两侧有持刀侍卫壁画二十幅，过洞与甬道口上方壁面绘有设斗拱的门楼图四幅，墓室门两侧前壁与左、右、后壁绘有侍女、伎乐壁画共二十幅。发掘时，出土了"大周柱国河西公墓铭"和"魏故李氏郡君之铭"墓志石两合，证明墓主人是西魏、北周时期原州刺史李贤及其妻长城郡君吴辉，合葬于北周天和四年（569年）。

李贤墓出土大量陪葬文物，从侧面说明了墓主人生前显赫的地

» 宁夏境内丝绸之路古遗址（大型纪录片《神秘的西夏》剧照）

» 北周李贤夫妇墓陪葬仪仗俑（宁夏博物馆藏品　李金海摄）

位，其中，彩绘陶俑有二百五十五件，有镇墓兽、镇墓武士、装甲骑俑、骑马女官俑、吹奏骑俑、骑马俑、笼冠俑、文吏俑、武官俑、风帽俑、胡俑、女侍俑，还出土陶家畜及陶灶、井等模型，以及陶器、金银器、铜铁器、玉器、玻璃器、各色料珠等。在墓葬中所出土的七百七十余件出土物中，最引人注目的是充满异域风格的鎏金银瓶、玻璃碗、银装铁刀、镶青金石指环。

尤其是刻有故事人物的鎏金银瓶，一看就不是中国本土物品，充满异域色彩，通高 37.5 厘米，重 1.5 公斤。高长身，卵形腹，细颈、鸭嘴形流，圆形底座，弯曲两端成羊头，顶端铸一人头，高鼻戴圆形帽。壶身腹部锤一圈突起的三组六人男女图像，一组为裸体。整件作品，做工精湛，是典型的波斯萨珊王朝风格，其主题图案故事，却是古希腊神话故事。

故事内容大概是这样，古希腊三位女神赫拉、雅典娜、阿佛洛狄忒，为"谁是最美丽的女神"而争论不休，万神之王宙斯命令由特洛伊国王的儿子帕里斯来判定。帕里斯以英勇无畏而闻名，但面对这样一个选美的难题，因为三位女神都是美丽无比，让他也很难下结论。

阿佛洛狄忒暗中向帕里斯许诺，如果她被选为最美丽的女神，将会把天下最娇艳的女人海伦送给他。帕里斯听后心动，便将刻有"献给最美丽的女神"的金苹果献给了阿佛洛狄忒，第一组图案表现的就是这个内容。帕里斯在阿佛洛狄忒的帮助下，扬帆起航前往希腊寻找海伦，海伦是斯巴达国王墨涅拉俄斯的王后，对远道而来的帕里斯一见倾心，等墨涅拉俄斯离开王宫之后，带上珠宝首饰与帕里斯一起私奔，去了远在小亚细亚的特洛伊城。第二组图案表现的就是海伦手拿珠宝首饰盒与帕里斯相约私奔的内容。墨涅拉俄斯事后得知，怒气冲天，于是长达十年的特洛伊战争拉开了序幕。十年的征战与抵抗使双方难分胜负，最后，希腊军队巧妙实施了著名的"木马

» 李贤墓出土充满异域风格的鎏金银瓶（复制品）

计"，才彻底将特洛伊守军击败。墨涅拉俄斯又将王后海伦重新夺回到身边，这场争夺美人之战最终尘埃落定。第三组图案表现的就是头戴盔帽的墨涅拉俄斯迎回海伦的内容。

鎏金银瓶出自萨珊王朝，萨珊王朝为古代波斯最后一个王朝，存在于公元226年至651年间，王朝名字来自于建立者阿尔达希尔的祖父萨珊。萨珊王朝长期与罗马、拜占庭帝国、嚈哒人作战，疆域盈缩变化很大，其固定领土包括今天伊朗、伊拉克的两河流域，土库曼斯坦南部，阿富汗，巴基斯坦西部的大片地区。

中国在两汉时，就与安息帝国保持着密切的友好往来。东汉时，西域都护班超派遣甘英出使罗马帝国，甘英路经赫卡通皮洛斯（安息帝国的首都，在今伊朗境内，中国史籍称为番兜城）的时候拜见了安息帝国皇帝帕科罗斯二世（Pacorus II），然后再西行至波斯湾，当地的安息官员，为了防止汉帝国与罗马帝国取得联系，故意夸大，说通往罗马帝国的方法只有海路，而海上风浪难测难以通行，甘英便取消继续西行的念头，这是中国与波斯地区的首次使节往来。

萨珊王朝推翻安息帝国之时，汉帝国已经崩溃，中国进入漫长的大分裂时期，但萨珊王朝与其前朝安息帝国一样和中国保持着活跃的外交关系，丝绸之路连接着东西方两大古国，波斯使者频繁地到访中国。根据史书记载，先后有十三位萨珊王朝的使者到访中国。在丝绸之路保持与中国频繁往来的同时，萨珊王朝与中国海路贸易也非常繁荣重要。在中国南方，大量萨珊王朝硬币出土，就是当时双方的海路贸易的最好见证。当时，萨珊王朝皇帝派遣许多波斯乐舞队到中国，在宫廷大受欢迎。

丝绸之路为双方带来商业的繁荣，丝路的安危关系着萨珊王朝与中国两国的经济利益，公元六世纪，嚈哒人崛起，对丝路通道的畅通构成威胁，双方都进驻中亚，一起保卫丝绸之路，并在边界地区建立哨站保护商队安全。萨珊王朝与中国联军数次结盟对抗共同敌人——嚈哒人。

公元七世纪，阿拉伯帝国兴起，阿拉伯全面入侵波斯，公元651年，萨珊王朝覆灭，末代皇帝伊嗣埃三世的儿子卑路斯二世与一些贵族逃亡到中国寻求庇护，当时中国正处于强盛的大唐帝国，大唐宽厚地收留了这些没落的天潢贵胄们。

卑路斯请求大唐提供援助，帮助他复国，大唐在波斯疾陵城（今伊朗扎博勒）设波斯都督府，任命卑路斯为都督，隶属安西大都护府。大唐与波斯相隔万里，无法提供军队维持波斯都督府，波斯都督府存在几年后，就被阿拉伯帝国吞并。公元674年，卑路斯沿着丝绸之路，来到长安，唐高宗授予他右威卫将军，两年后，客死长安，而随卑路斯东来中国的萨珊王朝难民，最后选择定居中国，慢慢融入到中国人中。

丝绸之路见证了中国与萨珊王朝这段长达数百年的波澜壮阔的历史，而作为丝绸之路上的重镇固原，当时肯定有大量波斯人存在，在李贤墓中出土了大量陪葬俑，其中有许多面孔一看就不是中原人，而是来自西域。北朝之时，大量胡人涌入中原，是中国历史上各民族大融合的巅峰期，东西方文明交流也异常频繁，鎏金银瓶以实物见证了当时的固原在丝路东段北道的繁荣与发达。

自张骞出使西域以后，许多西域的植物物种也开时传入中国，如葡萄、苜蓿、石榴、胡麻、胡瓜等，而狮子等动物也被长途跋涉带到中原。东汉时，安息帝国皇帝萨息斯一世就曾以狮子作为国礼送给汉章帝，而当时，从波斯送狮子到中国，必然要经过贺兰山，

» 万俟丑奴与其俘获的狮子（纪录片《贺兰山》剧照）

在固原停留休整一下，然后再前往当时的首都洛阳。魏晋时期，鲜卑人万俟丑奴在高平（今宁夏固原）率各族人民起义，占领今天宁夏南部一带。北魏建义元年（528年）七月，万俟丑奴在高平镇自称天子，设置百官，成为当地割据势力。恰逢波斯国向北魏朝廷进献狮子的使团路过高平镇，丑奴便将其截留下来，看到这种中原罕见的猛兽，万俟丑奴以为祥瑞出现，便定年号为"神兽"（一作神虎）。后来万俟丑奴被北魏镇压，他截获的那头狮子也被送到洛阳。丝绸之路，东西方各自有不同称呼，波斯向中国输送狮子前后达数百年，可以说这也是一条狮子之路。

扫一扫　看视频
丝绸之路上的固原

固原，作为丝绸之路上一个重要中转站，在中西方长期交往中，有许多西域民族，来到中原后，选择在这里定居，还有的从这里发迹，进入国家体制，担任地方乃至中央高官。唐朝作为中国历史上最开放的王朝，当时社会胡风盛行，各种来自西域的服饰、乐舞、习俗都在社会上流行，不少从丝绸之路来到中国的胡人在唐朝政府担任要职，因此在固原也留下了他们的足迹。

固原城东西南三面环山，清水河绕东流过，西南有白马山。在白马山与固原城之间有一

» 史道洛墓陪葬品（宁夏博物馆藏品　李金海摄）

片开阔的塬地，塬地南侧为清水河支流马饮河谷切割，西北侧是中河环绕，塬地面积五十余平方公里，是古人理想的葬地，这里集中埋葬着北朝至隋唐的十几座墓葬。

» 史道洛墓陪葬品（宁夏博物馆藏品　李金海摄）

上世纪八九十年代，在固原南郊发掘了九座隋唐墓葬，其中七座墓葬出土有墓志铭，清楚表明了墓主人身份。在这七方墓志铭中，六座墓均为史姓墓，说明这是一片史姓家族墓地，墓主人分别是：史射勿、史诃耽、史道洛、史铁棒、史索岩、史道德。其中隋墓一座，为史射勿墓，其余皆为唐墓。墓主之间的关系为史射勿与史诃耽、史道洛、史铁棒为祖孙关系，史索岩与史道德为叔侄关系。

　　史姓来自中亚粟特人，是"昭武九姓"之一。"昭武九姓"，分别为康国、米国、何国，史国、曹国、石国、安国、火寻、戊地九国，在公元三至八世纪之间，活动于中亚地区的阿姆河与锡尔河之间索格底亚那。

　　中亚阿姆河与锡尔河一带，自古多征战，为了躲避战乱，粟特人在魏晋南北朝至隋唐时期大规模来到中国。粟特人善于经商，他们长期活跃在丝绸之路上。他们中的一部分人，沿丝绸之路来到宁

» 　昭武九姓分布图

夏定居，久而久之，便将他乡做故乡，死后埋在当地。

根据墓志铭记载，史姓家族祖先在北魏时期从西域来到中国，到了史道洛时，已经是唐朝，他们家族在中国已经繁衍生息了五代人。他们祖上历代都在朝廷担任官职，根据史道洛祖父史射勿墓志铭，他跟随北周至隋唐权贵李贤家族打过仗，官至右领军、骠骑将军。由此看来，史姓家族和原州大族李贤有过密切交集，由此联想到，李贤墓中出土的大量来自西域的物品，或许它们与史射勿家族有某种关联。

相对于祖上，史道洛看来资质平平，他仅仅是靠着祖荫，给皇帝做过侍卫而已，永徽六年（655年）病逝于故里原州，终年65岁，史道洛夫人康氏也是来自中亚的昭武九姓，出生于萨马尔罕，为中亚康国人后裔。

很显然，史道洛从身份上，经过数代人，到他这一代，已经完全本土化了，但在文化心理上，他还是保存着来自遥远故乡的记忆，这一点从他的墓葬陪葬品可以看得出来，出土的陶俑、钱币、鎏金铜器、木器、玻璃器等文物，无不透露出中、西亚文化色彩。

史道洛墓中发现一枚东罗马金币，金币正面是东罗马帝国皇帝查士丁二世的正面头像，头像上部用拉丁文刻着查士丁二世的名字。背面刻有阿波罗神像。史道洛生活年代，距离这枚金币的铸造，差不多过去了八十年，可见当时的固原已与遥远的东罗马帝国有着密切的商贸往来。墓中出土的武士俑，盔甲鲜明，深目高鼻，八字胡须，紧握双拳，展示着发达的肌肉，在相貌上，他们与中原人有着明显不同，也许陶俑的原型模特就来自于史氏家族。

专家们对史道洛的头骨进行化验检定，鉴定结果表明，史道洛头骨眉间突出，鼻根凹陷，眶间宽窄，犬齿窝深，典型的深目高

鼻，具有欧罗巴人种的特征。

2004 年，固原南塬墓地考古中，挖掘了六座唐墓，时间都在初唐时期。对挖掘出的六具骸骨检测表明，他们也是欧罗巴人种，只是由于没有相关资料，无法对他们身份作出

» 宁夏固原出土的镇墓兽俑

鉴别，考虑到他们墓地距离史姓家族墓地不到一千五百米，墓主人有可能来自史姓家族，说明南北朝隋唐之时，在固原一带有一个相当庞大的移民群体存在。

遥想当初，在商海长袖善舞粟特人，在数百年岁月中，通过漫长的丝绸之路，来往于中亚与中国，掌控着大笔国际贸易，促进了中西文化的交流。西方的鎏金银瓶、玻璃碗、金银币等奢侈品辗转来到中国，东方的丝绸、茶叶等传播到西方。在丝绸之路上行走的驼队，驮运的不仅仅是货物，还有佛教文化。

夕阳西下，驼铃悠悠，走出长安，经过固原，渡过黄河，穿越大漠，一路向西，在众多旅行者中就有粟特人的背影。他们就是中古时期的犹太人，虽然丧失了祖国，但掌握足额财富，游走于中西方，虽然不断融入当地，但内心中，依然坚守着自己固有的信仰，后来他们中有些人扎根固原，然后慢慢融入到中华民族大家庭中。

固原这座位于贺兰山南部的丝路古城，在历史长河中，地址几经变动，如今洗尽繁华，归于平静，成为塞上一座普通无名小城。然而长期在丝绸之路担任重任，辉煌的历史留给她深厚的文化积淀。

2006 年，中国与中亚五国正式启动了丝绸之路整体申报世界文化遗产的工作。作为丝绸古道上重要部分的宁夏地区，在 2007 年，郑重将固原北朝和隋唐墓地列入申报丝绸之路世界文化遗产预备名单。

固原，应该拿回属于它的荣耀。

二、悬崖上的奇迹

丝绸之路发展历程中，在漫长道路上造就了很多城市，它们既是丝路过往客商的中转站，也是货物集散中心，就如血管大动脉，到每个点还要分散出许多毛细血管，固原就是这样一座城市。

固原扼守萧关古道，它的最初出现，本来是军事防御要塞，一直是关中的门户屏障，从这里南下长安不过三百公里。历史上的固原，金戈铁马，烽火不止，许多北方游牧民族，无不是想从这里冲破南下，窥伺中原。

唐朝时期，在固原须弥山设立"石门关"，扼守着中原与西域的军事与交通要道，为当时西北通往都城长安的要冲，称为"关中咽喉"，是屏蔽中原及长安的门户。清《甘肃通志》载："（原）州

北九十里须弥山上有古寺，松柏郁然，即古石门关遗址。"宋朝时期，须弥山一带为宋朝和西夏对峙前沿，宋朝在这里设西北重要关隘平夏城。

丝绸之路开通后，固原成为丝绸之路东段北道的重镇，经固原走丝路北线，大大缩短了从长安到西域的路程。伴随着贸易的繁荣，一座繁华的边贸之城逐渐形成。

丝绸之路不仅仅是贸易文化交流之路，也是宗教传播之路。在丝绸之路上行走的除了商人，最多的是僧侣，其中法显、玄奘等高僧就是沿着丝绸之路前往印度求取佛法的。

佛教兴起于公元前六世纪，东汉初传入中国，南北朝时期开始兴盛，据《洛阳伽蓝记》记载，北魏时期，仅洛阳就有四百多座寺院。与此同时，南朝尊崇佛法与北朝不相上下，尤其是在南朝梁武帝时期，佛教空前繁荣，金陵一带大量寺院建成，所谓"南朝四百八十寺"，可见当时佛法之昌盛。

须弥山地处北上大漠，西出西域的要道，是丝绸之路西出长安后的第一站，随着佛教东来，昔日刀兵争锋的关隘要地，渐渐变成佛门圣地。

与南朝相比，同时期的北朝更偏爱修建石窟，石窟就是在河畔山崖或石壁上开凿出来的佛教寺院，其内，或雕刻或泥塑佛像，顶部和四壁敷以泥胎后绘画或雕塑，石窟一般也称之为石窟寺。举世闻名的云冈石窟、龙门石窟、麦积山石窟都始凿于北朝时期。石窟本起源于印度，是佛教创始人释迦牟尼和弟子们坐禅说法的场所，称为"石室"，佛教传入中国后，北朝至隋唐时期，开凿了大量佛教石窟，唐朝以后逐渐式微。

漫漫丝路，一路上充满艰险，路途中会有太多的意外发生。在荒漠草原孤寂的道路上跋涉，随时要面临危险来袭，或许是一场大

» 丝绸之路古遗址（大型纪录片《神秘的西夏》剧照）

» 敦煌莫高窟的佛教壁画（大型纪录片《神秘的西夏》剧照）

风暴，或许是一伙劫匪，一不小心，就会抛尸黄沙。在充满了不确
定性的漫漫远道，深感生命的脆弱与渺小，此时，行人们需要心灵
的慰藉，于是佛教和丝路结伴而行。在丝绸之路上，有许多礼佛场
所，其中最多的也是石窟，其中著名的有巴米扬石窟、敦煌莫高
窟、固原须弥山石窟。有了佛法的抚慰，旅途中枯寂的心灵得到了
平静，脚下的步伐也更从容。

　　固原须弥山石窟的开凿始于石窟艺术繁荣的北魏，它位于距离
固原县城五十五公里的须弥山南麓，清水河在山脚下缓缓流过。须
弥山石窟所处的位置，自古以来就是中原通往河西走廊、大漠南北
的交通枢纽和战略要地。须弥山是六盘山山脉的支脉，属于典型的
丹霞地貌。"须弥"是佛教术语，来自梵文音译，意为宝山，它本
是印度神话中神山，随着佛教传入中国，以须弥山为题材的各种壁
画、造像等也出现在中国佛教寺庙。从北魏至隋唐的三百多年时间

内，在须弥山一千八百米长的悬崖上，有一百多处大大小小的石窟开凿而成。

须弥山汉魏之时称为逢义山，唐代时，须弥山石窟已形成颇具规模的佛教寺院，称为"景云寺"。须弥山之名至宋朝时，始广为人知。明英宗正统年间，高僧绰吉汪速在须弥山新建一座佛寺，上书朝廷请求赐名，英宗赐名"园光寺"，自此，须弥山石窟又叫"园光寺石窟"。

扫一扫　看视频
须弥山石窟

须弥山一带，呈现出与黄土高原别处不一样的景致，这里重峦叠嶂，岩石嶙峋。夏秋之际，苍松挺拔，树木葱茏，景色秀丽，是在西北黄土高原上少有的绝佳风景区。

中国大多数佛教石窟都开凿在一座山崖上，云冈石窟、龙门石窟、莫高窟都是这样，须弥山则与众不同，它分别开凿在八座鸿沟相隔的石山上，之间梯桥连在一起，方便游客相互往来。

须弥山石窟是丝绸之路上著名的佛教石窟寺，长安西行路上第一座大规模的佛寺，当时丝绸之路上的商队，从长安出发，北上来到固原，行至须弥山佛窟前，虔诚祈祷，希望佛祖慈悲，保佑一路平安，然后开始踏上前往西域的漫漫长路。等他们九死一生，走出大漠草原，平安返回固原，眼看长安胜利在望，带着一路风尘，再次来到须弥山，匍匐在高大的佛像前，向佛祖还愿，感谢一路护佑。年复一年，日复一日，须弥山石窟香火鼎盛，石窟的开凿也一直延续，历经北魏、西魏、北周、隋、唐，斧凿与山崖的撞击声在山谷间回响，前后持续数百年。

盛唐之时，大唐声威远扬四海，也是丝绸之路最为繁荣时期，此时，国泰民安，海内无事，民生富庶，佛教在中国的传播也达到巅峰。国富民强的大唐，有足够强大的财力支撑起盛大佛像的开凿，我国境内，目前那些宏大的佛教石窟，比如敦煌96号石窟大佛、龙门石窟卢舍那大佛、四川乐山大佛，都是开凿于唐朝，这些大佛造型庄严、神情肃穆、体态雍容、衣褶飘逸，无不体现着那个时代的强盛，体现出当时中国人的气度和自信。

经历千年的风雨沧桑，须弥山石窟现存石窟一百五十多座，分别散布在八座山峰的山崖上，绵延长达二公里，造像共有三百五十座，造像题记三十三处，壁画七处。自南而北划分为大佛楼、子孙宫、圆光寺、相国寺、桃花洞、松树洼、三个窑、黑石沟八个区。其中最宏大的佛像，毫无意外，仍然开凿于唐代，它就是第5窟大佛（大佛楼）。

大佛端坐于一座巨大的摩崖造像龛内，高达二十点六米，身披袈裟，头留螺髻，宝相庄严，体态圆融，双耳垂肩，神情庄重。大佛身姿伟岸，足有五六层楼高，一只耳朵就有两人高，眼窝直径达一米多，是由一块完整的巨石雕刻而来，远远望去，巍峨壮观，散发着盛唐气象。如此高大的石雕像，刀工雕刻细致入微，比例协调，观者无不为中国古代工匠的高超技艺所叹服。

佛的世界是人间的折射，因此历代佛教石窟无不是当时社会现实的真实反映。石窟艺术反映了佛教思想及其发生、发展的过程，它所创造的佛、菩萨、罗汉、护法，以及佛本行、佛本生的各种故事形象，都是通过具体人的生活形象而创造出来的。因而它不能割断与历史时期人们的生活联系，它不像其他艺术那样直接地反映社会生活，但它却曲折地反映了各历史时期、各阶层人物的生活景象。

须弥山石窟，在北魏时期开凿的石窟，多集中在子孙宫区的崖面上，窟室为方形，室中方形塔柱，四面分层，多是一佛二菩萨：佛像高大，端坐于中，侍立两旁的菩萨身材较小。佛像造型特点，脸形清癯，体型修长，佛穿双领下垂的大袍，菩萨穿汉式对襟袖襦，说明佛教此时已经开始汉化。北魏孝文帝迁都洛阳以后，进

» 须弥山大佛（纪录片《贺兰山》剧照）

» 须弥山石窟

行太和改革，其中的重要内容之一就是汉化，改变服式，朝野一律改穿汉装，各民族出现空前大融合。人间的变革，也反映到佛国世界，此时石窟佛像的造型和衣着特点是南朝汉式衣冠和"秀骨清相"的艺术风格，须弥山北魏石刻正是这一重大变革的真实写照。

在须弥山石窟中，有不少造像题刻和墨迹，根据落款有唐"大中三年吕中万"、宋"绍圣四年三月二十二日收复陇干姚雄记"、"崇宁癸未"、西夏"奢单都四年"、金"大定二十一年"等，历经唐宋西夏金各代，读完这些文字，仿佛穿越了一次时空，走进了古人的心灵世界。

民国九年（1920年）12月16日，一场特大地震震惊了世界，震源中心在宁夏（当时归甘肃省管辖）南部海原县，震级达到8.5级，地震导致海原、固原和西吉县严重滑坡，波及十七个省、区、市，有感面积达二百五十一万平方公里，约占中国面积的四分之一，是中国历史上波及范围最广的一次大地震。这次地震直接导致近二十九万人死亡，约三十万人受伤。须弥山石窟就在此次地震中心地带，经此地震，使石窟艺术遭到极大摧残，造成无法挽回的损失。

宁夏中卫地区作为古丝绸之路北道上的一个重要驿站，当时从固原出发的旅客前往丝路上另外一个宁夏境内的重镇灵州途中，中宁是其中重要驿站和古渡之一。

当时许多高僧大德也是沿着丝路，来到中宁，根据《宋高僧传·唐朔方灵武下院无漏传》记载，唐代高僧无漏大师所行路线就是沿贺兰山西行，过宁夏中卫、甘肃武威，经河西走廊入西域，越葱岭（今帕米尔高原），然后从原路返回宁夏贺兰山白草谷。

这些高僧们或结伴或孤行，在丝绸之路上往来于中国、中亚诸国及印度之间，他们在西行求取佛法的同时，也在沿途弘扬佛法。石空寺石窟就是当时中宁一带佛法繁盛的见证，石空寺石窟俗称大佛寺，位于中宁县双龙山南麓。

据《陇右金石录》和《甘肃新通志》记载："石空寺以寺得名，寺创于唐时，就山形凿石窟，窟内造像皆唐制。"石空寺是丝绸之路上一处建于唐朝的佛教圣地。

石空大佛寺依山而建，气势雄伟。这里曾经香火鼎盛一时，接受八方信徒膜拜。"座下莲华压倒西湖六月景，瓶中杨柳带来南海一枝春"，从大佛寺山门口的这副古对联，当年的繁华可见一斑。

但随着历史的推移，长期无人照管，石空大佛寺逐渐荒废，后来被腾格里沙漠吹来的流沙淹没，岁月流逝，以至于人们已将它遗忘，静静躺在流沙之下，昔日佛门胜境，恍然不觉，沉寂了数百年。

» 石空大佛寺（纪录片《贺兰山》剧照）

石空大佛寺附近有个叫金沙村的村子，但到了二十世纪中叶，当地村民已经很少有人知道大佛寺的存在，只有少数老人口头流传着老一辈留下的传说。有些村民愣是凭着这些久远的传说，确定了大佛寺的大概位置。那时候，我们国家正处于非常时期，没人敢明目张胆地去清理流沙，所以当夜幕降临时，村民们悄悄地去清沙。

　　经过很长时间的清理，这个沉睡在流沙之下数百年的古寺再次露出了真容。消息传出，随即受到文物部门的关注，1961年，宁夏回族自治区人民政府将石空大佛寺列为重点文物保护单位。

　　上世纪八十年代，文物部门组织对大佛寺开展了长达三年的清理工作，洞窟和洞窟内的彩绘、雕塑终于重见天日。在清理过程中，洞窟内发现的物品，没有晚于明代的，说明至少明朝后，大佛寺已经被流沙淹没。

　　石空寺石窟群依山而凿，分上、中、下三寺，共有石窟十三窟，自西向东分别为：焰光洞、万佛洞、石子观音洞、老君洞、三清洞、玉皇洞、无量洞、九间无梁洞、财神洞、药王洞、娘娘洞、龙王洞、睡佛洞。其中数九间无梁洞（又称九间无梁寺，位于中寺处）规模最为宏大，是大佛寺的中心。

　　九间无梁洞内极其宽敞，宽十二点五米，高二十五米，进深七点二四米，洞内三个大佛龛，正中大龛为五身群像，居中为高达五米的释迦牟尼佛坐像，佛身为石胎泥塑，佛首螺髻，脸庞圆润慈祥，细眉阔目，双耳垂肩，袒胸盘膝，外披红色袈裟，仪态雍容，两菩萨侍立左右，菩萨皆头戴花冠，颈佩璎珞，袒胸露背，腕戴钏镯，着贴身长裙，系彩色腰围，脸部丰满，长眉大眼，鼻子微微隆起，额下有条弧线，额的正中眉宇间点有一颗红色吉祥痣。造型似盛唐时期，形态妩媚动人，佛像背靠后壁有火焰光环，两旁则有彩色壁画，从脱落部分观察，壁画有里外两层，说明此窟重修过，外层绘有佛经故事，如迦叶渡海等人物造型，色彩运用、气氛渲染等方面都表现出较高的艺术水平。

1983 年，石窟群中大佛寺清理完毕，在清理过程中，流沙下面出土了彩塑像一百余尊，这些彩塑无不透露着雍容华贵，再现了大唐时期丝绸之路在宁夏灵州道的繁荣，这些珍贵文物在深埋地下千年之后，重现人间。

石空寺石窟大量文物的发现，让考古界和学术界不胜鼓舞，但同时也引来犯罪分子的注意，他们开始将罪恶的黑手伸向这些千年宝物。

从 1992 年至 1993 年，短短两年内，文物盗窃犯先后数次躲过看守人员，成功将许多佛首盗走。1992 年 10 月 17 日，石空大佛寺首次发现有佛头被盗，当看守人员觉察时，二层殿门已被撬开，殿内的两个罗汉头、两个小罗汉和一个观音头被齐齐切断后盗走。同年 11 月 9 日，石空大佛寺再次遭遇黑手，三十六尊小罗汉只留下身躯，头全被盗，另外，两尊罗汉被整体盗走。遭此劫难，大殿内的塑像较为完好的所剩无几。唯一值得庆幸的是，当时有二十六尊艺术价值和文物价值较高的塑像因准备送到日本参展，幸免于难。但是就是这些文物，最终也难逃劫难，1993 年 2 月，文物盗贼又一次入窃，这一次，他们做得彻底、干净、利索，将玻璃罩内的塑像头全部切下，又将玻璃罩照原样罩好，做到神不知鬼不觉。他们离开前，将大门用铅丝拧住，从外面看不出丝毫蛛丝马迹。这一次，由于文物盗贼们做得天衣无缝，到目前为止，这些佛首是哪天被盗都没法弄清，只能大概推测出个日期：在 1993 年 2 月 18 日至 21 日之间。在这次文物失窃案中，原本在上一年侥幸逃过一劫的二十六尊塑像，也最终难逃黑手，除了一尊被搬去供奉，还有一尊因已是残缺幸免于难外，剩下的二十四尊头像全部被盗。

面对一而再、再而三的文物失窃，我们完全可以将满腔的怒火洒向那些丧心病狂的文物犯罪分子，但是我们不能指望这些人会良心发现，自动收手。这些沉埋在流沙之下千年之久的文物，经过了漫长的时光，逃过了历次自然劫难，但当它们再次重现尘世之后，却最终难以抵挡住那些利欲熏心之徒的魔爪。在痛心之余，我们是否也要反思一下，是否仍然还要以资金不足和技术不到位等理由来自我解脱？

2013 年底，经上级文物管理部门批准，中宁县文管所组织专家对石空大佛寺无头泥塑佛像进行修复，修复工作刚开始，在一座泥塑佛像的腹内，工作人员发现了佛经，随后，又在其余三座佛像中发现了内容和质地都不相同的经卷。这些出土的经卷，包括汉文和其他少数民族文字，其中至少有三种以上的少数民族文字。除佛经以外，还发现了真丝扎制的红花和银质佛教用品。这些文物的发现，有助于对这些佛像的准确年代的判断和石空寺石窟的研究。

在宁夏境内的古丝绸之路上，沿着丝路分布着大大小小的佛教石窟，比如天都山石窟、无量山石窟、火石寨石窟、石空寺石窟等，它们就像是散落在丝绸之路上的一盏盏明灯，给旅途中的人们点亮前进的方向，给予向前的信念和力量。在这些丝路佛光明灯中，须弥山石窟是其中最先点亮的那一盏，然后丝路上的明灯随着旅途驼铃次第点亮。

随着岁月的流逝，当年丝绸之路上的驼铃声逐渐远去，消失在历史深处，须弥山石窟、石空大佛寺石窟这些刻在悬崖上的文物遗存，它们见证了一个时代的辉煌。如今，当仰望那些雕刻在山崖上的宏大佛像时，无不为我们古人的坚韧毅力和无穷智慧而惊叹，它们就是先辈们留下的悬崖上的奇迹。

第七章

物华天宝

贺兰砚、枸杞、葡萄酒，

传统与现代，继承与发展，

在传统工艺如何在现代社会得到传承和发扬

及地方特产研发和推广方面，

宁夏人在探索中寻找适合自我发展的道路。

一、贺兰山的石头

　　宁夏有五宝，其中之一为贺兰石。贺兰石质地细密、莹润，结构均匀，质坚而不硬，天然呈深紫和豆绿两种颜色。用贺兰石雕刻的工艺品深受人们喜爱，尤以用贺兰石制作的砚台闻名于世，以产地命名，称作贺兰砚。

　　砚台作为文房四宝之一，是过去书房必备用品，虽然随着书写工具的不断变化，砚台的实用价值正在不断弱化，但作为一种工艺品，其收藏价值不断攀升，受到收藏爱好者的热捧。我国著名三大石砚，分别是采用甘肃临洮的洮河石、广东端州的端石、安徽歙州

» 出产贺兰石的笔架山

» 出产贺兰石的岩层

的歙石制作的砚台，被分别称作洮砚、端砚、歙砚。

砚台对石质要求很严苛，所以全国范围内达到要求的采石地并不多，洮砚、端砚、歙砚开采地，由于长期开采，目前面临石材原料枯竭的危机。此时，另外一种砚台进入人们的视野，这就是出自贺兰山的贺兰砚。

其实早在清末，就有"一端二歙三贺兰"的说法，可见当时贺兰砚已广为流传，与端砚、歙砚这些名砚相比，在伯仲之间。贺兰砚制作起始于何时，历来众说纷纭，莫衷一是。秦朝时，大将蒙恬曾北筑长城，驱逐匈奴七百里，使之不敢南下牧马，然后率兵十万屯垦于宁夏等地的黄河两岸。过去有"蒙恬制笔"的传说，有人便联想到贺兰砚，推测有笔定然有砚，所以将贺兰砚的制作与蒙恬联系起来。当然这仅仅是一种大胆的推测而已，没有任何史料和实物支撑。

扫一扫　看视频
贺兰石

第七章　物华天宝

关于贺兰石砚最早的记载，见于《宁夏府志》，其中对贺兰砚产地有这样的描述："笔架山在贺兰山小滚钟口，三峰矗立，宛如笔架，下出紫石可为砚，俗呼贺兰端"。

用来制作贺兰砚的贺兰石多采自贺兰山滚钟口内笔架山，这里山势陡峭，道路崎岖，采石工匠进山后，往往要经过数小时山路爬行，才能抵达笔架山，笔架山一带的贺兰石结构均匀，质地细腻，刚柔相宜，是上好的制砚石料，做出来砚台具有发墨迅速、存墨不郁结、护毫、耐用等特点，深受书画爱好者的欢迎。

自清中期以来，制作贺兰砚的艺人，不乏名家，他们在数百年的岁月中，凭借智慧和探索，积累了大量实践经验，不乏精品传世，但真正将贺兰砚发扬光大的是闫家砚。

闫家砚从清末开始，制砚工艺口传心授，已历经四代、一百余年。到新中国成立，闫家砚第三代传人闫子江、闫子洋进入银川刻字社，继续从事制砚工作。

贺兰砚的制作，从选材到构思，制作工艺极其复杂。制砚艺人选材时，对石材的品相、质地都有严格的取舍，然后根据石材的纹理、材质构图，经过反复修改，了然于胸后，才开始下刀雕刻。雕刻时按照石材纹理走向，采用不同刀法，或镂刻、或浮雕，下刀干脆利落，绝不迟疑，随着石屑纷纷掉落，一方石砚初具轮廓，然后反复打磨成形。一方精品贺兰砚往往要花费制砚艺人数月乃至一年时间，方能完成。

» 闫家砚（闫森林提供）

1963年，革命元老董必武来宁夏视察，在这期间，他考察了贺兰砚的制作，赞叹不已，特意赋诗一首，赞赏贺兰砚，诗曰："色如端石微深紫，纹似金星细入肌。配在文房成四宝，磨而不磷性相宜。"

上世纪60年代初，北京人民大会堂完成建设后，以全国省区市名字命名各个会议厅。宁夏回族自治区政府在布置宁夏厅时，反复考虑了宁夏的地方特色，最后决定在宁夏厅布放贺兰石雕刻工艺品。具体工作委托闫子江、闫子洋兄弟俩来完成。

这在当时是一项严肃的政治任务，接到任务后，闫家班先到贺兰山选择上好石料，然后运到北京，从 1960 年至 1963 年，前后共用三年时间，创作了大型浮雕挂屏毛泽东手书诗词《清平乐·六盘山》、人物浮雕《红军长征过六盘》。作品大气磅礴，很好体现了贺兰山石雕刻特色。贺兰石雕刻作品，陈列于北京人民大会堂中，为贺兰石雕艺术带来很大荣誉，对贺兰石推广起到了很大推动作用。

闫氏兄弟为了闫家砚的长远发展，主动打破了门户陈规，招收了陈梅荣、施克俭、杨武、樊庆云、闫淑丽、张凤玲、马继红等徒弟，为闫家砚这门传统技艺注入新生力量，有了一批传承群体。在上世纪六十年代，闫家砚进入发展顶峰期，进入它的黄金时代。

施克俭后来被评为中国民间工艺大师，1997 年，香港回归祖国，施克俭的贺兰石雕刻作品《牧归》被宁夏回族自治区作为赠予香港的礼品，广为人知。2011 年 3 月 20 日，宁夏贺兰砚制作技艺被列入第三批国家级非物质文化遗产名录的公示名单。

进入新时期，贺兰砚面临后继乏人，人才青黄不接的问题。当初的闫家砚第三代传人都已进入老年，逐渐精力不济，而现在年轻人很少愿意学这门传统工艺。

陈梅荣，作为闫家砚第四代传人，也是唯一一名女弟子，对贺兰砚目前面临的危机，深感忧虑。陈梅荣出身书香门第，自幼对中国传统文化很感兴趣。上世纪 60 年代中期，听到银川刻字厂招工，便报名进厂，成了一名雕刻工，遇到了恩师——闫家砚第三代传人闫子江，成为闫家砚的第四代传人。

由于学习刻苦勤奋，陈梅荣在短短三年时间内雕刻技艺突飞猛进，各种雕刻工艺品，刻起来都得心应手，每件作品独具特色。

1988 年 9 月，第七届全国工艺美术展览在北京举行，陈梅荣的"九龙套砚"从各种参展作品中脱颖而出，深受评委们好评，这套作品后来被国家工艺美术馆作为国宝收藏。为了完成这套作品，她整整花费了一年时间。而她的第二套"九龙套砚"作品被菲律宾前女总统伊梅尔达买走珍藏，这也是贺兰石刻作品首次开始走出国门。

前后传承近百年，以家族和师徒相传的方式传承的贺兰砚雕刻技艺，目前陷入缺乏传承人的困境。贺兰砚在被列入"非遗"后，并没有从根本上改变贺兰砚濒临失传的现状，对贺兰砚的拯救并没有发挥太多实际功效。

其中原因，主要是随着时代发展，许多旧的体制已经瓦解，但像贺兰砚雕刻技艺这种传统技术如何传承的新思路，还没有探索出来。过去在计划经济时代，陈梅荣、施克俭他们在国有的宁夏工艺美术厂从事贺兰石砚雕刻技艺，起码生活有保障。随着市场经济建立，原来许多旧的经济模式已经被淘汰。现在对从事学习贺兰砚雕刻的人来说，没了稳定的生活来源，就无法静下心来，钻研雕刻艺术，而贺兰砚雕刻，至少没有三五年是掌握不了的。在如今这个浮躁的时代，很少有年轻人能够耐得住这样的冷清，安心坐冷板凳。另外，现在机械加工砚台也开始在市场大量出现，它们相对成本低，价格也低廉，对传统手工砚造成很大冲击，因为手工砚需要花费的精力很大，而且周期少则数月，多则一年，成本很高，根本没法在价格上与机械砚竞争。

陈梅荣如今年届古稀，依然在锲而不舍钻研贺兰石刻技艺，岁月不等人，陈梅荣、闫森林、施克俭等这些闫家砚第四代传人都已进入老年，闫家砚如何继续传承下去，这个困扰着陈梅荣的问题，始终得不到解决，她现在最大的愿望就是趁着自己还活着，在生

» 闫家砚坊

» 作者李金海（左）和闫家砚第四代传人闫森林（右）

前，传带三五个徒弟，然而，这个看似很朴素的想法，又显得多么奢侈。

同样，作为闫家砚第四代传人的闫森林，从二十一岁开始跟父亲闫子江学习贺兰石雕刻，转眼已是四十多年。为了将闫家砚发扬光大，后来他还带领妹妹闫淑英、闫淑丽一起学习。2006 年，闫森林制作的《葫芦砚》，荣获宁夏第一届工艺美术大师作品优秀奖。第二年，闫森林被授予"宁夏一级工艺美术大师"称号。2012 年，他被认定为贺兰砚制作技艺国家级非物质文化遗产代表性传承人。数十年的石刻生涯，使得闫森林手上生出厚厚的老茧，每一件作品，他都反复构思，每一个细节无不再三琢磨，工作起来，一丝不苟，执着地坚持纯手工的制作工艺，每一方贺兰砚，都浸透了他的心血。

闫森林有一个心病，就是闫家砚到他这一代，已经传了四代，但闫家的第五代人，无人愿意从事贺兰石砚雕刻。不过，孩子们的心情他也理解，单靠这么技艺，现在想维持生活都很困难。2008 年 9 月，闫家砚作为非物质文化遗产，在新落成的银川文化城有了一间店面，但销路依然不容乐观。

现在市场上大多是机器加工的贺兰砚，对于普通人来说，很难分得清两者之间的区别。与闫家砚的冷清形成鲜明对比的是，机器加工贺兰石刻生意红红火火。银川西塔市场，作为宁夏最大石刻工艺品集散地，每天吸引大量游客前来淘宝，机器加工的石刻工艺品生意做得风生水起。由于贺兰石为不可再生资源，所以政府采取限采政策，每年限量开采不得超过二十吨，使得贺兰石雕刻制品弥足珍贵。如今市场上，许多打着贺兰石旗号的作品，其实大多是出自四川苴却石，再用机械加工，价格自然低廉许多。

如何在保持传统技艺传承和市场经济之间，取得一条平衡的道

路，在考验着闫家砚的传承者们，如今，他们依然为使这项传统宝贵技艺流传下去而坚持着。

值得欣喜的是，目前贺兰石刻技艺所处的困境逐渐有所改变，银川文化城和宁夏"非遗"保护中心，对包括贺兰石砚在内的非物质文化遗产，进行统一规划，将逐步展开对其工艺及产品研发、包装设计以及海内外市场拓展等工作，最终建设成一套完整的非物质文化遗产市场化运营系统。

相信在不远的将来，贺兰山石雕这门古老的传统技艺，必将迎来新的辉煌。

二、最美的宁夏红

2014 年 9 月，一则宁夏中卫发现民国时期枸杞的新闻，引起了人们的关注，发现者为中卫市政协文史委员张晓磊，枸杞装在四个坛子内。标记封存日期为中华民国二十三年（1934年）七月二日。

盛装的坛子并非一般常见的陶瓷，而是用棉麻和纸糊制而成。上面贴有"福"字商标，并有枸杞功效的说明书，共记载六种枸杞品种，分别是："超王""改王""顶王""东王""魁元""栋杞"，其中五个品种也是首次发现。此次发现，说明早在民国时期，宁夏中卫枸杞通过独具特色的宣传，在全国范围内赢得了口碑。

» 宁夏枸杞

"天下枸杞出宁夏，中卫枸杞甲宁夏"，宁夏的枸杞历史至少可以追溯到三千年前，人工培育也有五百多年的历史。枸杞是在世界范围内常见的一种栽培植物，唯独宁夏枸杞备受世人青睐，这得益于宁夏得天独厚的自然地理环境。

» 枸杞种植基地

» 枸杞花

宁夏地区降雨量少，日照时间长，阳光充沛。当黄河冲过甘肃黑山峡，流经宁夏、内蒙古、陕北、山西，在中华大地上写下一个大大的"几"字，中卫就处在几字形大弯左撇那一点的末梢处。黄河至中卫拐了个 S 形的大湾，进入河套平原。数百万年来，黄河冲刷而成的卫宁平原，土壤矿物质含量极为丰富，腐殖质多，熟化度高，再加上临近黄河，便于灌溉，正是独特地理环境和气候条件，为枸杞生长提供了优越的自然环境。宁夏枸杞以皮薄、肉厚、籽少、味甜名扬四海，使得宁夏成为中国枸杞的发源地，为宁夏赢来"中国枸杞之乡"和"世界枸杞之都"的美誉。

　　古人对枸杞的医药和养生价值已有深刻的认识，明代医圣李时

　　»　枸杞成熟季节

珍在其《本草纲目》中对枸杞功效有详细的记载："枸杞能使气可充，血可补，阳可生，阴可长，火可降，风湿可去，有十全之妙用焉。"枸杞可以治疗风湿，清除疲劳，促进血液循环，达到明目、清肝、补虚、润肺功效，是强生健体、延年益寿的绝佳滋补品。明弘治十四年（1501年），宁夏中宁枸杞就被列为贡品上贡朝廷。清末民初，宁夏枸杞已经通过陆运、水运等方式，辗转运往全国各地，北上平津，南下上海、广州，转销到香港等地。中卫民国枸杞的发现，再次印证了当时枸杞贸易的盛况。

新中国成立之初，国家百废待兴，宁夏地区工业产业可谓几乎是空白，对外出口产品只有农产品，而枸杞为当时外汇创收立下汗马功劳，占当时宁夏出口产值的一半。然而随着枸杞种植在我国西北地区的大面积推广，"中宁枸杞"的优势渐渐弱化。如何摆脱品种单一，从仅仅单纯卖干果，实现产业升级，摆到了宁夏人面前。

从上世纪七十年代开始，宁夏农林科学院的科研人员开始将枸杞新品种选育作为主攻课题，前后选育出宁杞1号、菜用枸杞宁杞1号、抗蚜虫转基因枸杞等新品种。其中，宁杞1号不仅在宁夏境内种植，而且推广到其他省份，总种植面积达到七十二万亩。

枸杞以前只是作为医药滋补品，无论是收购、包装、销售，诸多环节都处于粗放式形态，而宁夏枸杞的深层价值远远没有挖掘出来，产品也多是停留在低端下游徘徊。为了打破这一现状，宁夏科研人员对宁夏枸杞药理价值和食用营养价值展开深入研究，并不断取得突破，此外，产品开发方面也取得了可喜的进展。

目前，鲜枸杞颗粒冲剂、枸杞泡腾片、枸杞水晶软糖等具有自主知识产权的深加工产品已被开发出来，杞籽油提取、枸杞原汁发酵、枸杞多糖分离等一批深加工生产技术逐渐成熟，"宁夏红"、"杞乡春"等知名品牌在市场上深受消费者欢迎。

许多宁夏人的生活与枸杞密切相关，小小的枸杞，也在改变许多宁夏人的命运，朱彦华就是其中一例。生于上世纪七十年代末的朱彦华，出生于农村，农村的贫困，让他深知生活的不易。1995年，朱彦华从宁夏建筑学校毕业后，决定到外地，开阔眼界，寻找发展机遇。

他只身一人来到上海，面对陌生环境，一个来自西北的农村青年要从头开始，是何等困难。当时身边只有从老家带来的枸杞，就这样开始了创业生涯。当时，苏州河边，常见一个脚踏三轮车的青年，他穿梭于上海的大街小巷，靠着顽强毅力和吃苦精神，经过多年的打拼，他将一箱箱宁夏枸杞，从三轮车销售，转换为在柜台销售，然后入驻超市，有了自己的商标。从零散销售到精品包装，将一捧鲜红的枸杞撒向了上海的千家万户，他本人也成为最早将宁夏枸杞打入上海超市的销售商。小小的枸杞，完成了朱彦华的创业梦想，像他这样的枸杞故事，在宁夏平原，在贺兰山下，还有很多，现在还有许多人在为实现自己的枸杞梦而努力奋斗。

每年盛夏季节，从空中俯瞰宁夏卫宁平原，发现大地变成一片红色的海洋，已被枸杞"染红"。与此同时，随着宁夏枸杞的成熟，数万劳务大军，从周边省份进入宁夏，参加枸杞的采摘工作。目前，宁夏回族自治区枸杞种植面积占全国三分之一，产量超过全国枸杞产量的一半。

如今的宁夏枸杞不仅在上海、北京、深圳、广州等全国主要大中城市设有销售分公司，遍布二十六个省、区、市，更远销日本、美国、澳大利亚等十几个国家和地区。

枸杞其实还大有文章可做，目前宁夏境内经营加工枸杞的企业有一百多家，由枸杞开发出来的产品有枸杞酒、果汁、叶茶等，还带动了数十种衍生产品，已成功形成枸杞产品链。枸杞，它带给宁夏人民的不仅仅是鼓起来的腰包，更多的是对美好生活的希望。因此，枸杞被亲切地称为最美的宁夏红。

三、贺兰山下葡萄园

枸杞是宁夏最显眼的大地之红，但它并不是宁夏红色的全部，宁夏红注定是丰富多彩，而不是单一色调。如果说枸杞呈现的是一抹鲜艳的红，那么宁夏葡萄呈现出的红色更多是沉稳和高雅。

» 贺兰山东麓（大型纪录片《神秘的西夏》剧照）

» 贺兰山东麓俯视

　　七月，贺兰山东麓，大片酿酒葡萄种植基地内，沉甸甸的葡萄挂满架，几个月后，酿酒葡萄就会成熟，采摘后运到附近酒庄，开始酿造葡萄酒，贺兰山下的葡萄酒，已经获得"中国国家地理标志产品"的标示。

　　葡萄本非中原原产，它来到中国，在宁夏传播，首先要归功于汉武帝手下一名伟大的探险家和使者张骞。张骞出使西域后，许多西域的物产开始传入中原，葡萄便是其中之一。

　　贺兰山东麓原本是大片一望无际的戈壁滩，荒芜萧瑟，土地贫瘠，土壤为淡灰钙土，含有大量砾石，底下很难存贮雨水，地表寸草不生，一年到头时常风沙漫天，在这里别说种庄稼，一般野生植物存活都比较困难。所以在世人眼中，毫无疑问，就是一片不毛之地。

第七章　物华天宝

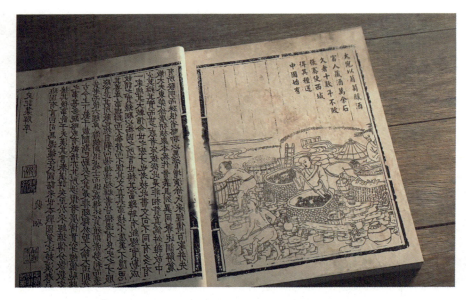

» 《史记》中关于葡萄传入中国的记载

» 贺兰山东麓葡萄园（纪录片《贺兰山》剧照）

然而，这毫无人烟的百万亩戈壁滩，在 2007 年迎来转机。当时有一名叫陈德启华侨来宁夏寻找商机，他无意中发现了贺兰山下这片荒地。

　　陈德启，祖籍福建，早年去泰国闯荡，事业有成，拥有雄厚的资本，他本来到宁夏打算投资房地产生意，但当他发现贺兰山下百万亩戈壁滩时，改变了主意。他眺望着这片荒芜的土地，陷入了沉思，临走前，他取了一袋土壤，送到法国去检测。很快，检验结果出来了，令他大喜过望，这里是一片良好的葡萄种植地，可以种出世界上最好的葡萄。

　　陈德启拿到检测报告后，立刻返回银川，与银川市永宁县政府签订十万亩戈壁的使用权合同。在世界范围内有一个共识，北纬40度是种植酿酒葡萄的黄金地带。在地球另一边，法国波尔多因出产高档葡萄酒而享誉世界，与波尔多相对应的东边，正是贺兰山东麓。

　　贺兰山东麓地势平坦，土壤含有大量砾石，使得土壤钙含量非

» 葡萄

扫一扫　看视频
宁夏的葡萄

常高，透气性强，蓄水能力弱，有助于降低酿酒葡萄的水分，所有这些特征，都与酿酒葡萄对土壤条件的要求非常吻合。葡萄对光照的要求非常高，如果光照不足，光合产物减少，就会导致葡萄树死亡。贺兰山东麓充足的光照，为葡萄成活提供了保障。另外，葡萄对降雨量的要求近乎苛刻，葡萄耐旱，年降雨量四百毫米，就能保证葡萄正常成长，但降雨量超过四百毫米，就会增加葡萄水分，糖分浓度下降，导致葡萄酒品质下降。可是，降雨是自然力量，非人工能控制，降雨量的多少，直接关乎酒品的好坏。即使作为葡萄酒生产圣地的波尔多，也难以保证每年酒品一样。贺兰山东麓年降雨量只有二百毫米，如果降水不足，人工补充就可以了。因此，贺兰山东麓是世界上少有的生产葡萄酒不分年份的产区。

贺兰山东麓这块看似毫无用处的荒滩，近乎完美地符合种植酿酒葡萄的各项要求，毫无疑问，这里是一块种植酿酒葡萄的天赐宝地。

陈德启请来的专家，经过现场考察，得出的结论，再次验证了这一点。

尽管贺兰山下拥有这样特殊的环境条件，但实际操作起来，还是困难重重。陈德启尽管有着丰富的从商经验，但对葡萄酒行业，还是首次接触。放弃自己熟悉的领域，涉足一个陌生的行业，陈德启决定从零开始学起，而且，他的"野心"很大，他要在贺兰山下做百年葡萄酒产业。

贺兰山下，一年风沙很大，想要改变，就得造防护林。这是一笔很大的开支，估计许多投资商，面对这额外的投资都会犹豫，但陈德启为了给葡萄园营造良好的环境，毫不犹豫地做了。

为了在戈壁滩上种活树，他想了好多办法。首先将土地平整，平均划分许多块，周围栽培上白杨树，白杨树是西北地区常见树种，也比较容易活。为了保证树苗在戈壁滩上活下来，陈德启引进滴灌系统。仅种植树苗和灌溉系统的前期投资，陈德启前后花了近三亿元。

陈德启的心血没有白费，贺兰山下昔日戈壁荒滩，如今已是绿影葱茏。葡萄的品种好坏直接决定葡萄酒的品质，陈德启的葡萄园没有采取将葡萄种子埋入地下，然后等待发芽成长的传统做法，而是从法国和意大利引进葡萄苗，采用嫁接种植的方法。嫁接苗抗碱、抗冻、抗寒，并且寿命长，保证了葡萄的品质不会变化，为陈德启做百年产业奠定了基础。葡萄园的灌溉用水是来自贺兰山的泉水，保证了葡萄的纯净、零污染。

为了酿造出上好的葡萄酒，陈德启从葡萄选种、种植、采摘，再到酒的酿造，每个环节都有着近乎严苛的要求，确保酒的品质不出现偏差。

葡萄不会当年结果，要等三年漫长的时光，在这三年时光中，陈德启和他的团队精心呵护着贺兰山下的葡萄园。第四年九月，葡萄园迎来了丰收。

为了保证葡萄的高标准，陈德启对葡萄产量控制很严，每株葡萄树，除留下少量的精品葡萄，多余的全部剪除，保证每一瓶葡萄酒都拥有上好的品质。酿酒师是葡萄酒产业的灵魂人物，陈德启的酿酒师自始至终参与了葡萄种植的各个环节，为葡萄的品质把关，因为如果葡萄品质把控不严，技艺再精湛的酿酒师也无法酿出高端葡萄美酒。

宁夏为了改善民生，近年对一些生活地理环境差的地区开展移民工作，贺兰山下迎来了大批新居民，陈德启的葡萄园吸纳了许多移民，为他们提供了工作岗位。

　　经过数年的耕耘，2013年，陈德启酿出了首批葡萄酒。他觉得自己的葡萄酒得益于贺兰山下这片土地，得益于贺兰山的护佑，所以取名"贺兰神"。"贺兰神"一上市，就受到广大消费者的喜爱，产值超过了十亿元。

» 贺兰山东麓酒庄（张碧迁提供）

目睹贺兰山下这片土地的变化，陈德启就像守护神一样呵护着自己的葡萄庄园，他的最大理想，就是在这里，一如既往地种出全世界最好的葡萄，酿出最好的葡萄酒，然后，从贺兰山下出发，运往世界各地。

除了陈德启，许多人为贺兰山着迷，纷纷赶到贺兰山下种植葡萄。包括许多国内外知名葡萄酒企业，都把目光投向贺兰山下，来这里抢占商机。宁夏地方政府雄心勃勃，已在作出规划，计划在贺

兰山下打造百万亩葡萄产业园区，园区定位为高端酿酒葡萄苗木的种植，对入驻园区企业提出了很高的条件。

为了规范贺兰山东麓园区葡萄种植产业，促进葡萄酒业的良性发展，宁夏地方政府已实施了《宁夏贺兰山东麓葡萄酒产区保护条例》，从法律和制度层面，做好保驾护航。

像许多著名葡萄酒商一样，作为国内葡萄酒业的翘楚，张裕酒业早已看中了贺兰山东麓的葡萄种植黄金宝地，并在这里修建了葡萄酒生产基地，建设了集葡萄种植、葡萄酒生产、葡萄酒文化展示、葡萄酒品鉴、会议接待和旅游观光于一体的高档综合型庄园，总投资额达六亿元，张裕酒业只是诸多入驻贺兰山东麓葡萄酒产区中比较典型的一家而已。目前，园区已建成葡萄酒加工企业五十二家，葡萄种植面积达五十一万亩，年产葡萄酒近十八万吨。

如今的贺兰山东麓已成为扬名国际的中国"波尔多"，已引起葡萄酒业界越来越多的关注，产自贺兰山东麓的葡萄酒前后已获得百余项国内外葡萄酒奖项。

2012 年，《金融时报》记者简希丝·罗宾逊（Jancis Robinson）来到宁夏。她 1989 年起为《金融时报》撰写葡萄酒报道，从事葡萄酒报道长达 37 年。1984 年，她成为葡萄酒贸易行业外的第一位葡萄酒大师，并在全球品评葡萄酒。她撰写过多本经典葡萄酒专著，包括《牛津葡萄酒百科辞典》，以及与休·约翰逊（Hugh Johnson）合著的《世界葡萄酒地图》。简希丝对宁夏这个距离北京八百八十多公里的中国西部省区，脑海中的第一反应就是荒山、沙漠、绵羊和枸杞这几个关键词，无论如何她都难以将这里与葡萄酒这样在西方看来的高端产业联系起来。当她抵达贺兰山下，为眼前迅猛发展的葡萄酒产业大吃一惊。她看到了宁夏地方政府为发展葡萄酒产业所做的努力，大规模的葡萄园在贺兰山下铺开，一座座高档酒庄散布在其间。同时，宁夏政府在银川周围已经修建很多移民居住区，吸引了大批南部荒凉山区人口，这为葡萄酒产业发展保证了丰富的劳动力资源，同时改善了当地居民的生活条件。

简希丝在宁夏期间参加了当地葡萄酒大奖赛，她本来也不抱多大希望，因为在这以前，她参加过数次中国最佳国产葡萄酒品尝会，但总觉得不尽如人意。葡萄酒品尝结果一般分为有缺陷、可被市场接受、良好、优秀四个级别。但这次宁夏葡萄酒大奖赛，让简希丝感到很惊喜，有五款葡萄酒获得了优秀级别，而且只有六款酒被定在可被市场接受级别之下。

简希丝通过宁夏葡萄酒比赛以及对各个酒厂的走访，发现宁夏产区的原料质量水平拥有出奇的稳定性和一致性。她最后得出结论，贺兰山东麓的葡萄酒，通过多年的积淀，已经在中国葡萄酒产业内占领先机。

第八章

回乡风情

自公元七世纪起，

伴随着阿拉伯、波斯及西域各民族与中原商贸、

文化交流日渐密切，经过千百年的交融、婚娶，

中华民族大家庭中增添了一个新成员——回族。

回族以独特的民俗文化丰富了中华文化的内涵。

贺兰山，

见证了宁夏回族的形成与发展，

宁夏也成为全国唯一的回族自治区。

一、客自何方来

大唐天宝十年（751年）七月，在中亚发生了一场规模不大的战役，史称怛罗斯之战，交战双方，一方为当时国势如日中天的大唐帝国，另一方为蒸蒸日上的阿拉伯阿巴斯王朝（中国史书称为黑衣大食），由于唐军率领的葛罗禄番军中途背叛，最终影响了战争的结局，导致了唐军失败。

这场战役后，两大帝国内部都发生内乱，无暇再次发起战争，在当时看来，这次战役不过是一次小规模边境冲突罢了，交战双方都没当回事，但对后世却产生了极其深远的影响。因为阿拉伯军队俘虏了一些唐军士卒，将中国造纸术等先进技术传播到了阿拉伯地区，后来再由阿拉伯人传到欧洲，直接推进了西方文明的发展。此后，阿拉伯文明和伊斯兰教也开始逐渐在中国西域地区传播开来，当然这不是伊斯兰教首次进入中国，其实早在唐初贞观、永徽年间，已有阿拉伯商人沿着古丝绸之路来到长安，《旧唐书·大食传》记载："永徽二年始遣使来贡。自云有国已三十四年，历三主。"

公元七世纪初，穆罕默德在麦加创立伊斯兰教。穆罕默德去世后，他的继承者艾布·伯克尔统一了阿拉伯半岛，建立了政教合一的阿拉伯帝国，艾布·伯克尔为阿拉伯帝国第一任哈里发。随着以后几任哈里发的不断对外扩张，阿拉伯帝国逐渐成为一个横跨亚、欧、非三大洲的大帝国。阿拉伯帝国的扩张，使得原来中亚的波斯等民族，也改信奉伊斯兰教。他们随着使臣、商队，沿着丝绸之路来到中国，从事商贸，渐渐地，其中有些人开始选择在中国定居，繁衍生息。伴随着他们在中国的活动，伊斯兰教也开始传入中国，在长安等地开始有清真寺出现，这些来自西亚、中亚的穆斯林商人，一般选择在清真寺周围居住，当时称呼从事经商的胡人为番人，当时长安市区被划分为好多市坊，所以他们的居住区被称为"蕃坊"，他们就是今天中国回族的前身。

尽管大唐和阿拉伯帝国有过怛罗斯之战，但并没影响双方友好往来，除了络绎不绝的商贸，阿拉伯帝国还一度出兵帮助唐朝平定叛乱，通商往来照常进行。

唐朝鼎盛之时，发生了一场改变历史的叛乱，这场叛乱直接改变了大唐的国运，这就是著名的"安史之乱"。天宝十四年（755年），"安史之乱"爆发，次年，唐肃宗继位，据《旧唐书·肃宗本纪》纪载，为平定叛乱，大唐决定向大食借兵，"至德二载（757年）九月丁亥，元帅广平王统朔方、安西、回纥、南蛮、大食之众二十万东向讨贼。"平定安史之乱后，唐肃宗允许他们留在中国，安置田产，任由婚娶，繁衍子息。

宋朝建立以后，尤其是南宋时期，随着海上丝绸之路的繁荣，许多西亚和中亚地区的穆斯林商人从海路来到中国，泉州、广州一带有大量商贾入驻，商业空前繁荣。当时宋朝北方领土尽失，西北丝绸之路基本时断时续，所以宋廷大力鼓励与阿拉伯的海上贸易，为了激励商业发展，甚至对做出突出贡献的外商授予官爵。宋廷在广州、泉州等地设立市舶司征收货税，是当时国家税收的重要来源之一。

随着贸易的繁荣，在广州、泉州和杭州，至少在晚唐就出现了

穆斯林聚居区，称为蕃坊或蕃巷，与当地人婚娶，阿拉伯、波斯穆斯林妇女嫁给汉人者亦常有之。汉人与外来穆斯林结婚，一般都入其教随其俗。宋廷在蕃坊设蕃长，蕃人推选，报朝廷确认后，加以任命。宋廷批准他们在当地建立清真寺，设公共墓地。这些积极措施，吸引了大量穆斯林商人来华经商。

与此同时，在宁夏地区由党项人建立的西夏，为了掌控丝绸之路上的要道河西走廊，消灭了甘州回鹘政权，收编的回鹘军队被称作"西夏回回军"，它在西夏对宋作战中，发挥了很大作用，回回一词原本指的是唐宋时期的回鹘，回鹘和回回互用，随着中亚、西亚信奉伊斯兰教的各民族穆斯林在中国出现，回回一词的意思被引申，泛指来自西域的穆斯林。

然而，在宁夏地区，大规模的穆斯林出现，要到由蒙古人建立的元朝时期。十二世纪中叶，蒙古族开始在中国北方草原兴起，蒙古族领袖铁木真于1206年统一蒙古诸部，建立蒙古帝国，被尊为成吉思汗。成吉思汗和他的子孙不断对外扩张，逐一消灭了西夏、金、南宋、大理等政权，实现了中国自唐末以来的再次大一统，成吉思汗和他的子孙从 1219 年至 1260 年间发动了三次大规模西征，先后征服了中亚和西亚信仰伊斯兰教的各个国家和民族。公元 1223 年，消灭了中亚强国花剌子模，1258 年，灭阿拉伯帝国阿拔斯王朝。西征中，一批批波斯人、阿拉伯人等中亚各族人，沦为战俘，被迫征调到中国来，总数大约有几十万之多，其中军人被编入"探马赤军"，战时从征，平时屯聚牧养，分驻各地，以西北的陕、甘、青为多，有的则迁往西南、江南和中原各地。

蒙古帝国征服了东起朝鲜半岛，西达多瑙河流域的土地，其版图之辽阔，超过了以前的中国历代王朝。当时，中国本土与中亚、西亚等地都处在大元帝国和其他由蒙古人建立的汗国的统治下，这为贸易的发展扫除了壁垒障碍。元朝政府在从中原到西域沿途设置驿站，保证了东、西方贸易道路的畅通，人员往来频繁，政治、经济、文化交流空前活跃。

此时，贺兰山变成丝绸之路上一个重要的分界点，宁夏平原成为丝路上重要的中转站。大量西亚人、中亚人和欧洲人来到宁夏，然后从这里走向全国。其中就有中国人熟知的欧洲著名旅行家马可·波罗，他在其著名的《马可·波罗游记》一书中详细记载了当时宁夏的风土人情，提到了当时已经被灭亡的西夏，他称党项人为唐兀特人。马可·波罗在当地看到不少西夏时遗留下的佛塔遗迹，另外不少地方，由于蒙古人灭西夏时的大规模破坏，造成大片田地荒芜，农业一片萧条。

马可·波罗笔下描述的情景，元朝政府自然也知道，所以便从被征服的西域地区，强行带来阿拉伯人、波斯人，迁徙到宁夏，其中有工匠、商人、学者，以后又有大批西域各地的穆斯林进入中

» 元世祖忽必烈接见马可·波罗

国，来到宁夏，他们一概被叫作"回回人"。元朝历代皇帝，从成
吉思汗起对各种宗教都一视同仁，非常宽容。元朝时期，新疆地区
属于蒙古察合台汗国，后来汗国王室改信奉伊斯兰教，在王室的大
力推动下，至 16 世纪初，伊斯兰教已遍及天山南北，成为新疆最
主要的宗教。

　　在宁夏地区，伊斯兰教的传播，元朝安西王阿难答起了关键性
作用。阿难答为元世祖忽必烈之孙，至元十七年（1280 年）继承
安西王王位，属地包括今宁夏、甘肃、陕西等原西夏之地。据拉希
德丁《史集》和《多桑蒙古史》记载，幼年阿难答在一户穆斯林家
庭抚养下长大，受此影响，他虔诚信仰伊斯兰教，并在自己的地盘
上建立清真寺，经常念诵《古兰经》，还使手下十五万蒙古军队大

部分归信了伊斯兰教。阿难答及其部下皈依伊斯兰教，在中国伊斯兰教发展史上意义重大，对宁夏乃至西北地区伊斯兰教的传播和推广产生了深远影响，对宁夏回族的形成起了很大推动作用，据考证，今天宁夏固原地区的回族就是由他们而来。

随着伊斯兰教在中国的传播，西域来华之穆斯林与中国各族人民交融，他们的足迹遍布中华大地。他们的居住区，逐渐形成了"大分散，小集中"的特点，产生了"元时回回遍天下"的说法，中华民族大家庭中一个新的成员——回族逐渐形成。

经元朝，回回人与汉、蒙古、维吾尔等族长期通婚，文化相互影响，他们与早期唐宋时来华的番客在观念上已出现了很大的不同，普遍采用汉姓，汉语逐渐成为共同语言，阿拉伯语和波斯语成为经堂教育的宗教语言，在自我身份认同上，改变了唐宋时的客居

» 牛皮手抄古兰经（宁夏博物馆藏品　李金海摄）

» 郑和下西洋 600 周年纪念邮票

观念，开始以中国人自居。

元代统治者对伊斯兰教持宽容态度，穆斯林所到之处就兴建礼拜寺，对前代所建已荒废的寺院，进行修葺或重建。在中国，伊斯兰教慢慢地成为与佛、道教并驾齐驱的宗教。元朝，回回人在政治、经济、文化方面皆有建树，涌现了不少杰出人物，他们将阿拉伯的科学文化传播到中原。元朝政府设回回司天监、回回药物院等机构，穆斯林学者在天文、历法、医药、建筑、军工、文学艺术上对中国科学文化的发展和中外文化交流做出了贡献。回回人在元朝地位颇高，很受蒙古人信任和重用，有不少在元朝中央和地方担任过要职，其中不乏在中央担任宰相这样显赫之位，为我国多民族国家的形成做出了卓越贡献，赛典赤·瞻思丁就是其中的典型代表。

赛典赤·瞻思丁，元初的杰出政治家，元世祖忽必烈建立云南行中书省后，赛典赤·瞻思丁被任命为云南行省的首任平章政事。在任期间，他兴利除弊，大胆改革，深受百姓爱戴。至元十六年（1279 年），赛典赤·瞻思丁卒于任上，前来送葬的百姓，人山人海，感念他的功德，无不垂泪。元世祖得知后，"诏云南省臣尽守赛典赤成规。"成宗大德元年（1297年），元廷追赠赛典赤为上柱国、咸阳王。瞻思丁入云南后，大批穆斯林随同，他们为云南回族的来源，伊斯兰教也随之传入云南。

赛典赤·瞻思丁有五子，长子纳速拉丁，官至云南省平章政事、陕西省平章政事，据《陕西通志》记载，他"子孙众多，分为纳、速、拉、丁四姓，居留各省，故宁夏有纳家户，长安有拉家村，今宁夏纳氏最盛"。今纳姓回民主要分布在云南和宁夏等地。仅宁夏永宁县纳家户村就有纳姓回民七百余户，四千余人，喇姓回民主要分布在甘肃省临夏回族自治州等地，拉姓回民分布在陕西等地，丁姓遍布全国。

» 郑和宝船复原模型

元朝初年，周密《癸辛杂识》记载："今回回皆以中原为家，江南尤多。"元末，摩洛哥旅行家伊本·白图泰来中国游历，在其游记中记载："中国各城市，都有专供穆斯林居住的地区，区内有供行聚礼等用的清真大寺。"他详细描述了刺桐（今福建泉州）和杭州穆斯林的有关情况。可见，当时回族已经遍布大江南北。

在元朝以后的七百多年中，回回逐渐遍布神州大地，与各族人民为祖国的发展贡献智慧，他们中还出现了像伟大的航海家郑和这样的英雄人物。郑和是赛典赤·瞻思丁六世孙，奉命率船队七次"下西洋"。于宣德五年（1430 年）最后一次下西洋时，派随行的穆斯林到麦加朝觐，绘制了"天房图"，加强了中阿人民之间的友谊，为中国和东南亚、西亚地区的关系密切做出了贡献。

二、阿訇的心愿

1940 年，中国正处于抗战最艰难时期，此时，中国东南华北等半壁江山尽沦入日寇铁蹄下，不甘做亡国奴的中华儿女，纷纷千里迁徙，辗转到西南大后方，其中就有一位来自天津的著名回族学者，他就是我国近代史上著名的伊斯兰经学家、翻译家王静斋阿訇。

王静斋，名文清，字静斋，以字行，光绪五年（1879 年）出生于天津清真北大寺附近一阿訇世家。王静斋的父亲王兰庭，外祖父穆朝相都是享有盛名的阿訇，他幼年时跟父亲学习，由于贪玩，常耽误功课，因此受到亲戚街坊的嘲笑，认为他难成大器，多劝王兰庭给孩子改行。王静斋因此备受刺激，下决心发奋学习，立志要有所作为。

当然此时他肯定想不到，他最重要的学术成就要在数千里外的大西北，在贺兰山下的一座无名小城里完成。

王静斋成年后，外出遍访名师，师从于勉斋、刘绪魁、海思福等知名阿訇，学业大有长进，奠定了坚实的思想理论基础。二十六岁学业有成后，历任河北、北京、辽宁、黑龙江、天津、台北等地十余所清真寺阿訇。

1922 年至 1923 年，王静斋与学生马宏道赴埃及艾资哈尔大学学习，学习期间，常到埃及国立图书馆读书，博览群书，眼界大开，学问突飞猛进，收获极大。1923 年秋，二人赴麦加朝觐，并到沙特各地和土耳其君士坦丁堡、安卡拉等地游历。后来师徒二人分别，马宏道留在土耳其伊斯坦布尔师范学院学习，再往后，进入伊斯坦布尔大学哲学系，研读伊斯兰哲学。1933 年，马宏道学成回国后，为中土建交到处奔走，做出了很大努力。两年后，国民政府与土耳其建交，马宏道任中国驻土使馆秘书。在抗美援朝战争中，志愿军俘获了不少土耳其战俘，马宏道曾前往朝鲜，利用自己的博学，积极努力做土耳其战俘的思想工作，这就是后话了。

王静斋则返回艾资哈尔大学继续完成学业，在这期间广泛搜集、抄录阿文经典，将六百多部经典带回国内，为以后从事伊斯兰教学术研究奠定了基础。

1927 年 9 月，王静斋创办了《伊光》月刊，社址开始设在天津清真北大寺，每期四版，一万余字，刊物语言生动，内容丰富，有伊斯兰教经训、教义、教法、教史等译文，也有时评、专访、问题讨论、新闻报道等栏目，以喜闻乐见的方式介绍伊斯兰教历史、文化，介绍中国穆斯林生活，宣扬"遵经革俗"主张。《伊光》月刊都是免费赠予，前后坚持办刊十二年。

1937 年，七七事变爆发，全面抗战开始，很快平津沦陷，当时，王静斋在北京西单牌楼清真寺任职。日本人了解到王静斋在宗教界和回民中的威望，便试图拉拢他为其效劳，利诱威逼王静斋出面，组织"协合会分会"，被王静斋义正词严地一口回绝。

王静斋不愿再待在日寇铁蹄下，忍受日本帝国主义的奴役，随后离开北京，遍历华东华南各省，《伊光》月刊也跟随王静斋的脚步走遍大半中国，他走到哪里，《伊光》就在哪里出版。王静斋通过《伊光》，将广大穆斯林同胞与祖国命运联系起来。《伊光》月刊是研究中国伊斯兰教文化的宝贵资料，也见证了在国难之际，伊斯兰文化传播的艰难历程。后来，王静斋联合唐柯等人在武汉发起"中国回民抗日救国协会"，后改名为"中国回教救国协会"。他满怀爱国热忱，积极开展抗日宣传，号召穆斯林起来参加抗日，帮扶救济同胞。

1939 年，王静斋辗转来到重庆，担任国民政府行政院参议。就在最艰难时期，他依然坚持翻译《古兰经》工作，平日几乎不出门，整日俯首书稿之间。没多久，日本人飞机对重庆展开大轰炸，王静斋住所也被炸毁，他所有译稿，都化为灰烬，多年心血，一朝全无。当时每当敌机空袭警报拉响，王静斋跟所有的重庆人一样，躲进防空洞，几乎天天如此，疲于奔命，无法静下心来继续翻译工作，便迁居甘肃平凉。

1941 年春，王静斋收到一份邀请函，担任中国回教救国协会宁夏分会会长的宁夏省主席马鸿逵，邀请他赴宁夏译经。王静斋再一次踏上旅途，一路颠簸，来到了贺兰山下的宁夏平原。当时宁夏《贺兰报》发表了一篇热情洋溢的欢迎词，文章标题就叫《欢迎名作家王静斋》，表示热烈欢迎王静斋的到来。

王静斋到宁夏后，宁夏省主席马鸿逵很快接见了他，紧接着成立了由王静斋牵头的"《古兰经》编译委员会"，成员有虎嵩山、王世龙、李诚忠、王子忠、杨同璞、马汝邺、刘柏石、马福龙等，都是当时宁夏地区著名的伊斯兰文化学者和宗教人士，其中，虎嵩山、王子忠等人精通《古兰经》注疏和伊斯兰经学，杨同璞、马汝邺、刘柏石等汉语功底很扎实，译经委员会组成人员和分工相当科学合理。

王静斋初到宁夏，许多仰慕者前来拜访，一时间，居住小院内人来客往，热热闹闹，嘈杂不堪，令他疲于应对。王静斋本来不喜俗世交际，每天过多应酬，让他一时间无暇工作。后来，他索性在门口挂起一张木牌，上书"欢迎赐教，谢绝闲谈"。当时有些人看来，他这是在摆谱，引起不少非议，王静斋并不以为意。

为了摆脱外界的干扰，王静斋离开银川，来到吴忠东郊塔寺乡塔寺村清真寺聘任教长，以便静心译经。排除了外界干扰，译委会各项工作进展比较顺利，一年后，整部翻译书稿完成，对于这样一个浩大文化工程，幸赖王静斋异常勤奋工作和良好协调能力，才能够如此快速完成。

据当时参加译经的马福龙阿訇回忆，当时王静斋房间经常灯火彻夜通明，他每晚都工作到深夜，有时刚休息，一个念头想起，又马上跳起，披衣点灯，伏案提笔，记在纸上。这种高强度的工作，有些年轻人都吃不消，已是六十高龄老人的王静斋，依然热情似火，工作激情不减，周围人无不感佩不已。在生活中，王静斋从不计较，粗茶淡饭，甘之若饴。

当时官场黑暗腐败，性格耿直的王静斋很看不惯国民党高官的一些做派，所以常在刊物上发表一些批评言论，文笔犀利，与鲁迅有一拼，被人们称作"回教鲁迅"。国民党高级将领白崇禧是回族，在抗战期间也颇有声望，发表了一些违背伊斯兰教教义的话，王静斋得知后，便在《伊光》上以《白健生大放厥词》为题，将白崇禧狠狠驳斥了一番。

没过多久，白崇禧来宁夏视察，在宁夏"回协"礼堂发表讲话，在讲话中特意提到了王静斋的那篇批评文章。此时，王静斋就住在"回协"房门口，但就是避而不见。白崇禧走后，王静斋对人说："白健生（白崇禧字健生）这次来我不见他，我那篇文章他已经看到了，他们这些做大官的人，对教门的事，根本是外行。我们不能让他们拿着教门信口雌黄。今天不见他，也是对他的'吾尔祖'（劝告）。"

王静斋的做法，引来马鸿逵的不满，王静斋听到后说："他们说我是别扭团的团长，我才高兴呢。鲁迅有一句名言：'横眉冷对千夫指，俯首甘为孺子牛。'鲁迅一生就是别扭团的团长，我只是他的团员。"所以，当译经完毕，将要付之印刷时，马鸿逵故意刁难，推脱扯皮，最后考虑到舆论影响，勉强印刷了六十本，敷衍一下。后来，经白崇禧推荐，该译本《古兰经》才由上海永祥印书馆印刷面世。

王静斋是我国第一个通译《古兰经》的穆斯林译者，在所有通译《古兰经》学者之中，历时最长、影响最大。他先后翻译《伟嘎业》、《中亚字典》、《中阿双解中阿大字典》、《回教遗产继承法》、《回耶辩真》、《真境花园》等，为中国伊斯兰文化的传播和推进做出了巨大的贡献。他一生在翻译《古兰经》上，倾注的心血最多，共翻译了文言文、经堂语、白话文三种体裁的译本，分别被称作甲、乙、丙本，其中丙本，为三种通译本中最成熟也流传最广的一种，问世四五十年来，海内外影印、翻印、重排无数。他当时在宁夏主持翻译的为乙本。

在宁夏期间，王静斋严谨治学的态度和高尚的人格，感染了许多年轻人，马福龙就是其中一个，以后人生中，他以王静斋先生为楷模，为宁夏伊斯兰文化传播和民族教育奋斗了一生，成为宁夏宗教界著名人士。马福龙在跟随王静斋译经期间，主要做校稿工作，拿到译经草稿后，仔细对照译文和原文，核对是否与原文相符，或者看语法是否存在问题等，然后将自己看法写在纸条上，供王静斋参考。

译经工作结束后，王静斋离开了宁夏，临行前送了马福龙一套《古兰经》作为纪念，并邀请他到外地参观学习。由于父母的反对，马福龙最终没有成行，但跟王静斋朝夕相处的一年，使他受益匪浅。

马福龙，字云程，1919 年出生于宁夏贺兰县清水堡回族世家，幼年就受到家庭熏陶，十岁开始在本村清真寺学习宗教知识，为以后的学习奠定了基础，几位经师高尚的情操对他人格塑造也产生了深远的影响。

1934 年，著名伊斯兰教经学家、教育家虎嵩山阿訇在银川东大寺创立宁夏私立中阿学校，马福龙入该校学习，时年十五岁。在校学习期间，他广泛学习阿拉伯语、波斯语、伊斯兰经学，同时大量阅读汉语文学名著和各种报刊书籍，在这期间，他还接触到了王静斋阿訇主编的《伊光》，开始了解到外面的世界。两年后，马福龙考入宁夏吴忠伊斯兰师范学校学习，在这里系统学习了各种人文科学、自然科学，以及伊斯兰教哲学和历史。

在这段学习期间，他读书可以说到了如痴如醉的地步，手不释卷，博览群书，在知识的海洋中畅游。他的阅读从来不拘一格，既有当时的伊斯兰刊物，也有《史记》、《资治通鉴》、《汉书》等中国传统文化典籍。广博的阅读，让他学会了独立思考，往往能提出与众不同的独特见解，很快博得老师和同学们的喜爱。

当时的中国面临空前危机，马福龙常和同学们一起探讨民族的未来，思考回族穆斯林、伊斯兰教、经堂教育发展前景。在伊斯兰师范学校期间，优秀的学习成绩，使其成为同学中的佼佼者，虎嵩山阿訇非常赏识他。

在与虎嵩山阿訇的交往中，马福龙被他的学识、人格魅力，以及散发出来的强烈使命感，深深感染，在心中播下了为中国伊斯兰教的发展和经堂教育而奋斗的种子。

后来，王静斋阿訇来宁夏翻译《古兰经》，虎嵩山为译经委员会委员，特意向王静斋推荐自己的得意门生马福龙参与对照、检查等校对工作。在和王静斋相伴这一年，马福龙深感远胜读多年书，甚至多年后，回忆起这段时光，仍感念不已。

1947 年，经北大教授马坚（马坚是虎嵩山的弟子）推荐，马福龙取得到北大东方语言文学系阿拉伯语专业深造机会，他幸运地成为该专业的首批学生。

在北大期间，马福龙与马坚教授形成亦师亦友的关系，经常向马坚教授请教不明白的问题，一起讨论回族的教育现状和未来发展，就重大时政交换看法。在伊斯兰哲学方面，他逐渐形成自己的观点，指出："伊斯兰教的哲学基础既不是唯物论，也不是唯心论，而是辩证唯一论。"

马福龙的课余时间几乎都是在图书馆度过，广泛阅读文史书籍，尤对《明史》颇有研究。此外，还常去听西北史地学家黄文弼教授的课，由此，对回族的源流、中国伊斯兰教史源流等方面感到耳目一新，有了全新认识，提高了认知水平。

与此同时，马福龙向北京的社会贤达和伊斯兰学者请教中国伊斯兰教现状和发展的知识，参加在京回民青年集会，一起讨论中国穆斯林的前景问题，通过交流，开阔了视野，增长了见识，通过教育改变回族精神面貌的思想在他脑海逐渐形成。

其实，早在 1937 年，从宁夏私立中阿学校毕业后，马福龙便有了在家乡创办中阿学校的想法，想让贫困家乡的孩子们能够有书读，既学阿拉伯语，又学汉语。他知道只有抓好民族教育，未来才有希望。因此，完成学业回到家乡后，他大力呼吁兴办民族教育，提高民族素质。

民国时期，内忧外患，国民经济一片萧条，处于西北的宁夏地区，尤为贫困，想办学校谈何容易。尽管办学困难重重，但马福龙没有被困难吓倒，也没知难而退，相反，他以一种一往无前的精神，迎难而上，觉得只要对家乡人民有利，对回族同胞有益，再大的困难，也绝不退缩。

他以身作则，将家中仅有的一道柳梁捐给建校用，动员穆斯林群众，为民族教育尽一份力，在马福龙精神感召下，大家出钱出力，两座教室很快落成，他不要薪水义务教学。

为了振兴民族教育，马福龙到处奔走，先后创办立刚东中阿初级小学、贺兰县云亭小学、贺兰县清水中心小学等三所回民小学，新中国成立后，在银川市开办新民完全小学。

仅仅靠群众自筹办学，肯定没法长久，为使办学不因经费不足而半途中止，马福龙跑到银川找马鸿逵，软磨硬泡，逼得马鸿逵由自己的商号敦厚堂出资，在全省开办十三所"云亭小学"，学校中阿双语授课。贺兰县立岗镇原回民小学也借此机会，得到全面改建，成立贺兰县云亭小学。

在兴办民族教育同时，马福龙大力兴办伊斯兰文化教育，1950年3月，马福龙担任银川新华清真寺教长，着手中阿学校创办工作，取名为"伊斯兰学社"。学社从事教学、学术研究，同时做伊斯兰文化传播工作。"伊斯兰学社"广泛招收贫困家庭学生入学就读，也吸收女性穆斯林进寺前来学习，开一时风气之先。

马福龙为了宁夏民族教育事业呕心沥血，为现代教育和回族教育做出了巨大贡献，被人们赞誉为"宁夏武训"。

马福龙不但关心民族教育，同时一直关心民生，当时宁夏地区相当贫困，但国民党当局不顾民生疾苦，依然摊丁加粮。1947年，宁夏省第三次行政会议召开，当一些官僚提出"加派军粮，增加警察"时，马福龙马上站出来反对，情绪激动时，指斥这是要宁夏人的命。马福龙的仗义执言，得到宁夏各界人士的一致支持。他还不断撰文，为扶危助困提出许多可行性建议，为贫苦群众生计问题建言献策。

1949年9月，中国人民解放军渡过黄河，宁夏迎来解放，当时正赶上风雨交加，马福龙不顾个人安危，前往黄河渡口，迎接解放军先遣部队进入银川，以便尽快稳定社会局面。解放军入城时，马福龙和广大银川市民一样兴高采烈，在街头欢迎解放军，和银川回族群众一起上街游行，庆祝宁夏解放，协助军管会开展民族思想工作。

新中国成立后，马福龙为了促进宁夏地区教育事业，发展地方经济，改善民生，一直建言献策，提出建立宁夏回民经学院、回民师范学校、回民中学、回民小学、回民医院、清真食品厂、出版印刷厂、皮毛加工厂、农具制造厂等相关计划，千方百计为失业回民青年创造就业机会。马福龙在参加宁夏省市各级会议之际，总是不忘为发展回族教育事业呼吁，这件事他自始至终，一直没有放弃过，尽自己全力为回族和伊斯兰文化多做工作。

1950年朝鲜战争爆发，马福龙积极响应国家抗美援朝的号召，发动群众为前线作战的志愿军捐款捐物，宁夏银川回族各界后来募捐"伊斯兰号"飞机一架，为抗美援朝战争的最终胜利做出了贡献。

正当马福龙为了建设美好新宁夏和回族教育事业不息奋斗之际，不幸的事落到他身上。当时"左"倾思想开始抬头，他受人诬陷，被关入监狱，前后达十六年之久。

马福龙身陷囹圄，在艰难的环境中，并没有意志消沉，而是仍然关注中国穆斯林的发展前途，写下大量文稿，包括《中国穆斯林向何处去》、《伊玛尼总纲》、《纪念穆圣》、《马福龙自述》等二十余万字的著述。

上世纪70年代，正值"文革"十年浩劫，许多正义之士和文化巨匠受到迫害，他们中许多人最终含冤去世。马福龙也在是这段时间被错误判处死刑，蒙冤离开了他挚爱的这片土地。

马福龙去世十年后，冤情大白于天下，人民法院给其平反。如今我们国家各项事业蒸蒸日上，教育事业实现了质的飞跃，马福龙的愿望已经实现和正在实现，而他的爱国求知，振兴教育，关心民生疾苦的伟大精神和高尚情怀，依然在感召和激励着贺兰山下的人们。

三、中华回乡

　　贺兰山滚钟口有一座清真寺，占地一亩左右，规模不算太大，但在当地穆斯林群众中颇有知名度。据传建于清初，后来毁于战火。1940年，马福龙等人发动群众募资，予以重建。后来又屡次经过翻修。清真寺有来自也门伊斯兰先哲克马伦丁的拱北，克马伦丁来华传教数十年，明崇祯元年（1628年）七月十三日归真，葬于滚钟口，当地穆斯林群众为他修建了拱北。每年逢其归真之日，宁夏本地穆斯林信众都来清真寺举行纪念活动。

　　清真寺是穆斯林举行礼拜、宗教功课、举办宗教教育和宣教等活动的中心场所，系阿拉伯语"麦斯吉德"意译。中国唐宋时期称为"堂"、"礼堂"、"祀堂"、"礼拜堂"，元以后称"寺"、"回回堂"、"礼拜寺"，伊斯兰教在明朝称为"清真教"，遂改称"清真寺"，此后成为固定名称，一直延续至今。

　　穆斯林有围绕清真寺居住的习惯，清真寺在穆斯林生活中有着举足轻重的作用。根据《宁夏回族自治区2010年第六次中国人口普查主要数据公报》，宁夏常住人口为630万人，其中回族人口为219万人，约占35%，宁夏是我国回族分布最广的省份，是我国唯一的回族自治区。目前，宁夏有清真寺4200座。宁夏最早的清真寺可以追溯到元朝，目前现存清真寺最早建于明初。

　　回族基本全民信仰伊斯兰教，伊斯兰文化渗透回族穆斯林生活

» 象征中阿友谊的银川人文景观中阿之轴（纪录片《贺兰山》剧照）

方方面面，清真寺不但是回族群众日常五次礼拜和周五主麻聚礼的重要宗教场所，还在这里举行重要节日如开斋节、古尔邦节、圣纪节的会礼，此外，婚丧嫁娶等生活中重大活动也要在清真寺举行。在特殊时期，清真寺还发挥重要政治作用，比如1936年中国工农红军抵达宁夏，在同心县清真大寺举行了陕甘宁省豫海县回民自治政府成立典礼。

　　宁夏回族穆斯林经元明两朝逐渐形成，在漫长的七百年岁月中，与其他各族人民相互学习共融，同时又保留了自己独特的民族特色，这一点，在清真寺建筑风格上就可以体现出来。在宁夏地区的清真寺可谓风格各异，异彩纷呈，其中不少是建筑史上的精品之作，充分体现了中西方文化交流的特点，其中既有阿拉伯风格建筑，也有中国传统宫殿庭院式的，还有的将中阿两种风格完美融合为一体，在这里不妨试举几例。

第八章　回乡风情

银川南关清真大寺为典型的阿拉伯建筑风格，它坐落在宁夏回族自治区银川市南关，始建于明末。寺院前身原本是中国古典式建筑，后来被毁，上世纪八十年代重建。重建的南关清真大寺主殿建筑高二十六米，坐西朝东，面积约一万平方米。主殿为圆形拱顶两层，上层是大殿、阳台，可容纳一千三百多人做礼拜。楼顶正中耸立着一大四小的绿色穹隆装饰，居于中央穹隆，直径九米，顶端一弯新月，高耸入云，小穹隆直径三米，分布在楼顶四角，整座建筑恢宏肃穆，非常壮丽。

　　这类风格清真寺还有海原清真寺、石嘴山清真大寺、吴忠东大寺等，它的特点一般主建筑呈方形，屋顶四角有四个小穹顶，簇拥中间一巨大穹顶，中间穹顶安装星月，形象上相互呼应，比例恰到好处，殿内装饰淡雅素洁。此类寺院在宁夏分布最广。

　　纳家户清真大寺建于明嘉靖三年（1524 年），已有四百八十年历史。是属于传统的中国宫殿式建筑寺院。寺院呈长方形，以门楼、礼拜大殿、厢房、沐浴堂组成院落，形成典型的中国古代四合院建造布局。门楼为过洞式，仿古结构的挑檐，横向的栏额、斗拱，纵向的荷花柱和反映伊斯兰风格的精美砖雕。上部正中为三层歇山顶邦克楼，楼两侧陪立着阿拉伯式的二层四角圆尖顶的望月楼。整个布局严谨、规整，显得巍峨壮观。

　　与纳家户清真大寺相同的中式古典风格清真寺，还有同心清真大寺。同心清真大寺，建在同心县城郊一处高台上，是宁夏现存历史最久、规模最大的一座清真寺。它原本是一座喇嘛庙，明初改为清真寺，明万历三年（1575 年）、清乾隆五十六年（1791 年）、清光绪丁未年（1907 年）和 1983 年等几次大的修缮，完整保留了原有建筑风格。

» 同心清真寺

　　宁夏各地的清真寺，不论哪种风格为主，皆为中阿文化相互交流的产物，是回族穆斯林智慧的结晶。它们不与中国佛寺、道观雷同，也有别于国外清真寺建筑风格，表现了中国独有的建筑风格，是长期以来中国人民与阿拉伯人民友好交往的历史见证，是中华民族文化的宝贵财产和重要组成部分。

　　语言是一个民族的主要文化载体和情感交流纽带，回族日常生活中使用汉语和汉字，是和汉族数百年来一起生活、交流互动的结果。宁夏回族使用汉语有着鲜明的本民族和地域特色。唐、宋以来，阿拉伯、波斯等西亚、中亚的蕃客、商旅来到中原，元朝时期东迁到宁夏的西域诸族色目人，他们族源不一，语种繁杂，如果没有统一的语言，势必会对日常交流形成障碍，情感交流都很困难。在这种情况之下，只有入乡随俗，学习采用主体民族的语言汉语。这是历史发展的必然产物，当回族作为一个民族形成以后，已将汉语作为通用语言。

不过，回族长期使用汉语过程中，尽量保留了一些原来母族的词汇，其中使用最多的体现在宗教术语方面，也有不少来自日常生活方面的词语。使用的汉语中，不时夹杂一些阿拉伯语、波斯语词汇和一些专为回族特殊用词。举例来说，安拉（真主）、色俩目（吉祥如意）、伊不利斯（魔鬼）、依玛尼（信仰）等来自于阿拉伯语，朵斯提（朋友）、杜什曼（敌人）等来自于波斯语，无常（去世）、大净（穆斯林的全身沐浴）、小净（穆斯林礼拜前需洗脸、手、足及下部）等是回族常用的一些含有民族特色汉语词汇。

回族的这种汉语使用特点，小儿锦是一个典型例子。回族作为全民信仰伊斯兰教的民族，出于虔诚的信仰，为了避免《古兰经》的经义不因在翻译中产生差异，要求阅读古阿拉伯语《古兰经》。过去，西北地区，人们教育水平普遍很低，不少人五六岁就去清真寺学习《古兰经》，但汉语基础很薄弱，为了背记《古兰经》，便在学习笔记中用阿拉伯文拼写汉语，也用汉语给阿拉伯语经文做注解。由此，形成一套用阿拉伯字母来书写汉语的文字系统，被称作"小儿锦"，用来教导启蒙儿童学习《古兰经》。

任何民族都受宗教、自然环境、地域经济等诸多方面的影响，回族饮食文化深受伊斯兰教的影响，伊斯兰教在我国历史亦称清真教，故回族食品称清真食品。回族分布较广，各地自然条件、经济发展差异很大，各地回族的食俗、食品结构及烹调技法也不完全一致。宁夏回族日常饮食以面食为主，主要有，冷面、汤面、炒面、浇汁面等。牛羊肉菜肴最具特色，羊肉泡馍、羊杂碎、手抓羊肉、酱牛肉等闻名遐迩。

依照伊斯兰教的规定，宁夏回族肉食只吃牛、羊、驼肉和食谷类的鸡、鸭、鹅肉和带鳞的鱼类。清真饮食菜品繁多，以面点为例，有油香、麻花、馓子、油糕、干粮馍、糖酥馍、锅盔、馄馍、千层饼等，制作手法有炸、烙、烤、蒸等，花样翻新，口味甜酥脆软，色泽分明。在众多面点中，馓子和油香最有特色，

馓子是一种油炸面点，具体做法是，在和面时加入少许盐和调料，盘成圈，放入油中炸制而成，味道香酥脆口。油香，回族对油饼的一种特殊称谓。每逢节日和婚娶，回族人家都要炸馓子和油香，为节日添了许多喜庆气氛。

宁夏回族群众喜欢饮茶，盖碗茶是回族传统饮茶风俗，盖碗茶茶具比较独特，由托盘，喇叭口茶碗和碗盖三部分组成，因此民间也称作三炮台。碗盖比茶碗口略小，饮茶之时，碗盖稍倾，茶叶被遮挡，便可以缓缓品茶了。宁夏回族在喝盖碗茶时，茶水里通常放置茶叶、冰糖、枸杞、核桃仁、芝麻、红枣、桂圆、葡萄干等，称作八宝茶。喝八宝茶有诸多讲究，比如不能去掉碗盖，吹水面茶叶，不能将茶水一气喝完，要留一些茶水，以便续茶。过去八宝盖碗茶，是宁夏回族穆斯林用来招待贵客的最佳饮品。

回族主要节日有开斋节（也称作尔德节）、古尔邦节、圣纪节等。

扫一扫　看视频
宁夏回族的开斋节

开斋节在伊斯兰教历每年九月，自本月初见新月起，到次月见新月止，在这一个月期间，除了孕妇、病人以外，十二岁以上男子和九岁以上女子，都要封斋。每天日出以后不得进食，直到日落，夜幕降临，才能进餐，直到伊斯兰教历十月一日，开始开斋。封斋之初衷，是让人们感受饥渴痛苦，体验衣食无着的穷人的煎熬，让富裕人帮扶贫苦者。经过封斋，可以净化心灵，体悯弱者，培养坚韧不拔的性格和扶危助困的美德。

每年开斋节来临之日，宁夏银川街头，头戴白帽、衣着整洁的回族穆斯林群众走出家门，沿着大街小巷赶往各清真寺，参加开斋节会礼。汉族群众通常也在这一天，向穆斯林同胞送上节日祝福。开斋节当天，到处洋溢着节日的喜悦气氛。宁夏回族自治区政府在这一天，通常会给全区党政机关企事业单位放假一天，自治区人大、政府会向穆斯林群众致以节日祝贺。

伊斯兰教历十二月十日为古尔邦节（亦称作宰牲节），在节日来临之前，回族群众都会准备好献祭用的牲口，献祭动物要求必须无疾病，肢体完整，献牲一般是骆驼、牛、羊三种，具体按照献祭家庭经济条件来定。节日当天，回族穆斯林先到清真寺举行会礼，然后请阿訇宰杀牲口，献祭的肉要分成三份，一份施散济贫，一份送亲友，一份留自己食用，但不能出售。

扫一扫　看视频
牛肉拉面

伊斯兰教禁食自死物及猪肉、血液等，宁夏回族日常生活中严格遵循这一习俗。回族宰羊或宰牛时要请阿訇、满拉或懂得宰牲之人来宰，否则视为不洁净。此外，回族禁止烟酒，这些良好习惯，保证了身体的健康。

宁夏地区，回族家庭内布置简洁大方，不会悬挂人物或者动物画，也不摆放人或者动物雕塑，一般用山水风景画等来装饰房间，这是因为穆斯林禁止偶像崇拜。同时，回族严禁占卜算卦、看相风水这些迷信活动。回族对赌博深恶痛绝，认为赌博损人害己，所得赚之钱是不义之财，使不得。

在服饰方面，回族也有鲜明的民族特色，在具体每个地方，也体现出地域特色。宁夏地处西北，冬天漫长，风沙大，这些环境气候原因对宁夏回族服饰也产生了深刻影响。

服饰具有御寒、遮羞、装饰三种功用，回族服饰除了这三点，还有宗教信仰元素，在漫长历史岁月中，形成了特色鲜明的民族服饰。

回族男子们都戴白色无檐小圆帽，分为平顶和六棱形两种形状，称作"回回帽"或者"礼拜帽"，回族在礼拜叩头时，前额和鼻尖必须着地，因此，戴无檐帽更方便，遂发展成为一种服饰习俗，是回族鲜明的标志。现在回回帽常有白、灰、蓝、绿、红、黑等颜色，有的是纯色，有的刺绣各种装饰图案，种类繁多，制作精美，刺绣上各种精美图案。可根据季节和场合的不同，选择戴不同款式。不过白色、没有任何纹饰的回回帽最为常见，结婚的新郎多戴红色帽子，以示喜庆。

回族除了戴白帽外，也有用白、黄色毛巾或布料缠头的习俗，故有"缠头回回"之称，回族穆斯林按照波斯音译为戴斯达尔。据传在伊斯兰教早期传播时，穆罕默德就头缠戴斯达尔礼拜。戴斯达尔长度一般为九尺至十二尺。缠头时，前面只能缠到前额发际处，不能把前额缠到里面，方便礼拜，缠巾的一端要留出一部分，垂于后背，另一端裹在后脑勺缠巾层里。过去，

扫一扫　看视频
宁夏回族的婚俗

回族头缠戴斯达尔比较普遍，现在多数回族群众习惯戴白帽，清真寺里的阿訇、满拉和常去寺里的乡老们则缠头的比较多。

坎肩是回族男子服饰的一个重要组成部分，表现了回族简朴、大方的民族特点。回族男女都爱穿坎肩，回族男子爱在白衬衫上套一件合适得体的对襟青坎肩，黑白对比鲜明，穿在身上，给人感觉利索、干练。不同季节，回族穿坎肩材质有所差异，有单的、棉的，还有皮的。既可当外套，又可穿在里面。皮坎肩选料颇讲究，用胎皮和短毛羊皮缝制，具有轻、柔、平、展等特点。冬季来临时，穿上皮坎肩，穿上外套，倍感保暖舒适，亦不觉得臃肿。

回族妇女都戴盖头，回族认为头发、耳朵、脖颈是妇女的羞体，需要加以遮盖。盖头颜色，不同年龄阶段也有区别，老人一般戴白色，中年妇女戴黑色，未婚女子戴绿色。回族戴盖头的习俗，既有伊斯兰教宗教原因，也受到阿拉伯地区习惯的影响。在阿拉伯地区，风沙大，水源少，为防风沙、讲卫生，妇女们用头巾遮面护发。当初阿拉伯、波斯商人来到中国，这种习俗也带到中国。随着回族的形成，戴盖头成了回族妇女的习惯。在戴盖头前，先将头发盘起来，戴上帽子，尔后再戴盖头。

回族妇女传统衣服样式，一般多是大襟为主，衣服纹饰非常丰富，多采用嵌线、镶色、滚边等工艺，图案多采用绣花，色彩鲜艳，形象逼真。过去，回族女子喜欢穿绣花鞋，配上绣花或者几何图案的鞋垫，大多是出自自己之手。

回族女孩，七八岁时要扎耳眼，戴耳环，喜欢戴戒指、手镯。已婚妇女还要经常开脸，显得清秀、干净。回族女性，喜欢用凤仙花染指甲。凤仙花来自西域，中国本土原本没有，张骞出使西域后带到中国，凤仙花染指甲习俗也是由阿拉伯、波斯等地传到中国。

随着社会的不断发展，宁夏回族与外界世界的交往也越来越频繁，传统服饰已经有了很大变化。尤其是生活在大城市的回族群众，受到外来文化影响，在保留传统基础上，服饰花样翻新，款式更加丰富多彩。相对而言，青年人更容易接受新鲜事物，所以除了戴白色礼拜帽外，服饰与别的兄弟民族差别越来越小。因此，在与时俱进的同时，如何传承传统服饰，越来越引起一些回族有识之士的关注。

2005 年，宁夏举办了全国首次回族服饰展演大赛，在大赛中，推出了许多在继承传统基础上，具有时代元素的回族服饰。受到宁夏广大回族群众赞扬。宁夏，这个中国最大的回族聚居区，在探讨回族民族服饰的传承和发展上，又走出了一条崭新的路子，相信具

» 回族的剪纸

扫一扫　看视频
回乡剪纸

扫一扫　看视频
宁夏回族的舞蹈

有深厚文化底蕴的回族服饰文化必能在将来进一步发扬光大。

　　回族习俗文化历史悠久、积淀丰厚，内容丰富多彩，内涵博大精深，在漫长历史中，受到时代、地域以及周边兄弟民族习俗等影响，但主要还是受伊斯兰文化的深厚影响，形成了独特的民族习俗文化，它既有与中国境内其他信仰伊斯兰教的民族，如撒拉族、东乡族、维吾尔族等有相同的习俗，也有自己本民族鲜明的特色。

　　2015年，中华回乡文化园在银川市永宁县建

》　中华回乡文化园

成，这是一座以传播和弘扬中国回族文化为宗旨的宏大建筑群。它由回族博物馆、礼拜殿、阿依莎宫、曼苏尔宫等组成，它是我国目前唯一一座以回族文化为主题的文化园区。整个园区，庄重典雅，显得肃穆圣洁，各座建筑错落有致，体现了浓郁民族风格和伊斯兰文化特色。

　　贺兰山，目睹了宁夏回族的形成与发展，如今，将再次见证，在宁夏平原的快速发展过程中，回族群众与各兄弟民族一起为追求中国梦的实现，努力拼搏的昂扬精神风貌。

第九章

共同家园

一部宁夏史，就是一部民族融合史，

也是一部移民史，

自古以来，宁夏便是多元文化交流融合的舞台。

历史上各个时期，

不同的民族在贺兰山下交融汇聚，

共同生活和相互帮扶，

一起开发和建设了宁夏平原，

他们最后都汇入了中华民族的血脉。

一、民族共融皆兄弟

　　宁夏地处西北，战略地位非常重要，被称为"关中屏障，河陇咽喉"。黄河贯穿宁夏平原，贺兰山屏护着宁夏平原，游牧文明和农耕文明在这里相互交替，共融互长。来自中原的农耕民族与来自北方的游牧民族，在这里相互帮扶和共同生活，期间也有碰撞，但更多的是相互包容和共同成长，毫不夸张地说，宁夏地区就是一座民族博物馆，各种族群先后来到这里，他们有的甚至来自遥远的中亚，最后他们一起融合到中华民族大家庭，可以说，一部宁夏史，就是一部民族融合史。

» 　沟渠交织的宁夏平原（纪录片《贺兰山》剧照）

宁夏，历史上一直扮演着两种角色，地理上，是门户屏障，文化上，是交融纽带，且都有典型的代表，前者为长城，后者为丝绸之路。在宁夏六万多平方公里的土地上，遍布着历代修筑的长城，它们的位置随着中原王朝和北方游牧民族的势力消长，不断变化，如果将各代修建的长城加起来，足足有一千五百多公里。宁夏境内的丝绸之路，处在非常重要的位置，它联系着北部草原、西域诸国、中原腹地，是各方交流的中枢地带，宁夏这种独特的地理位置，为多元文化在这里汇集提供了条件。

战国时期，统一的中国尚未建立，在神州大地上，包括中原和四周，大大小小的邦国和部族割据，按照当时的华夷之辨，将中原四周的大小部族分别称为东夷、南蛮、西戎、北狄。当时在宁夏境内最强大的部族是义渠戎。

义渠为西北诸戎中最强大一支，主要分布在今天甘肃庆阳西北。其地包括宁夏贺兰山、青铜峡以东及甘肃环县、马莲河一带。义渠戎至春秋时，势力强大起来，开始称王，筑城郭，称义渠戎国。因地与秦相接，两国经常发生冲突。公元前452年，秦厉公伐义渠戎，虏其王以归。后秦国又讨伐义渠戎，夺取了义渠戎国的郁郅（今甘肃庆阳）等二十五城。至公元前272年（周赧王四十三年、秦昭王三十七年），秦宣太后诱杀义渠王于甘泉宫，灭了义渠国。义渠亡国后，秦国趁势将乌氏戎等西北诸戎或招降或歼灭，义渠戎族人或北上加入匈奴，或南下融入中原华夏。不过，到了西汉，仍有以义渠为姓的，如义渠安国，但作为一个部族，已经不复存在。

秦汉之际，宁夏一带成为中原王朝与匈奴争夺之地。匈奴，是秦汉时期我国北方一个历史悠久的民族。商周之时被称为鬼方、猃狁，到了战国开始称为匈奴。匈奴族兴起于漠北、黄河河套及阴山，是一个"逐水草迁徙，毋城廓常处耕田之业"的游牧民族。战国时期，活跃于燕、赵、秦以北地区，时常袭扰三国边境。

秦统一六国后，为了保证北部边境的安宁，蒙恬带领三十万秦军将匈奴驱逐出包括今天宁夏平原在内的河南地，设立四十四县，这是中原王朝首次将宁夏纳入版图，同时也拉开了中原与匈奴对河南地的争夺战。秦朝昙花一现，随之覆灭。匈奴乘楚汉相争之机，迅速强大起来。公元前209年，冒顿单于即位，经过几年的南征北战，占领了甘肃河西走廊。其境南起阴山，北抵贝加尔湖，东尽辽河，西逾葱岭。很快，匈奴重新占领了河南地，贺兰山下再次沦为匈奴势力范围，成为匈奴楼烦王和白羊王的牧场。

西汉初年，匈奴"控弦之士三十余万"，依仗强大的军事力量，不断入扰汉朝边境。汉文帝前元十四年（前166年），匈奴单于亲率十四万大军入侵北地郡，攻入朝那、萧关（今宁夏固原东南），大军一路南下，候骑抵达甘泉宫，距离长安不足三百里。汉军十万人顽强反击，激战月余，才将匈奴击退。慑于匈奴强大的骑兵，汉初几十年多采取隐忍的和亲政策。

汉武帝即位后，开始对匈奴发动反击争，元朔二年（前127年）春，匈奴左贤王部进犯上谷、渔阳。掳掠千余人及牲畜而去。汉武帝刘彻命韩安国部驻右北平，以阻挡匈奴向东方深入，同时命令车骑将军卫青、将军李息出兵云中（治今内蒙古托克托东北）。卫青、李息率部出塞后，采用迂回包抄战术，突袭匈奴白羊王、楼烦王，将其一举击溃，重新占领河南地。随后，汉廷收复河西走廊，在今天宁夏同心一带设立三水属国，将归降的匈奴人安置在这里。

此后，宁夏一带匈奴与汉人共同生活，保持着密切往来，上世纪八十年代，在同心县发现了三十多座匈奴墓地，其中出土了动物

铜带饰、铜环、铜带扣等青铜文化遗物，还有大量五铢钱，说明此时匈奴与汉人的经济文化交流很频繁。

随着汉武帝对匈奴一系列战争，匈奴日渐衰落，再无力对汉发起大规模入侵，汉元帝时，以宫女王嫱（昭君）嫁呼韩邪单于，汉匈和亲，自此基本保持了长达百年的和睦共处。

东汉初年，光武帝建武二十四年（48年）匈奴分裂为南北二部。南匈奴南下附汉，屯聚于朔方、五原、云中等郡，北匈奴被迫西迁。南匈奴留居边塞后，至西晋末，曾先后建立赵等割据政权，后逐渐与其他民族融合。

羌族是我国最古老的民族之一。殷商时期，甲骨文中就有"羌"字，原字上部像两个羊角，下部似人，所以汉代人解释"羌"字为"西戎牧羊人"。先秦时期，羌人与华夏民族开始相互往来，关系十分密切。汉朝建立后，设置"护羌校尉"，统管西北诸羌事务。羌民要服劳役、守边塞，还常受当地官吏、豪门的盘剥和欺压，羌族与汉朝统治者之间的矛盾，时常被激化，随着汉朝的日益腐朽而愈加尖锐对立。

东汉时期，宁夏行政建置承袭西汉，设安定、北地两郡。居住着小月氏、乌桓、鲜卑、匈奴和羌族等少数民族。北地郡治所设在富平县（今宁夏吴忠市西），辖今灵武、吴忠至中宁鸣沙一带。

安帝永初元年（107年）夏天，东汉政府为了撤回西域都护府和屯田官兵，派遣骑都尉王弘征发金城、陇西、汉阳三郡（均在今甘肃境内）羌人担任随军护卫和杂役。羌民对长期以来形同奴仆的处境非常痛恨，而今又要远离故土，深为不满，行至酒泉，便不愿继续前行，四散逃走。东汉政府命令沿途各郡县围追堵截，许多羌民被截杀，庐舍、毡帐被毁。汉军的暴行，引发了羌人的怒潮，西北诸羌纷纷逃出迁徙地，向西出塞。羌民们以竹竿木棍为戈矛，以木板为盾牌，杀官吏，破城邑，汉军无不闻风而逃。羌民起义遍及西北，各部中，滇零领导的先零羌起义军势力最大。

先零羌，西北诸羌一支，分布在今甘肃临夏以西和青海东北一带。东汉初，迁徙至天水、陇西、扶风地区。永初二年（108年），先零羌等部在滇零的率领下，在平襄（今甘肃通渭县西）与汉军激战，大获全胜，汉军士兵八千余人战死沙场。羌人声势大振，在滇零带领下北进，占领了北地郡郡治富平县，建立政权，滇零自称天子，建立年号，封官授印，以丁奚城（在今灵武西南）为都，是为羌人历史上首次建立政权。诸羌人得知滇零称帝后，纷纷前来投奔，一时间，羌人势力范围空前扩张，几乎控制了西北大部分郡县，势力一度深入到中原境内，逼近东汉首都洛阳。东汉朝廷被逼无奈，只得放弃北地等边缘八郡，下令将北地和安定两郡治从宁夏境内撤出，分别迁到池阳（今陕西泾阳）和美阳（今陕西扶风东）。

当时，西北地区，汉人和羌人居住区犬牙交错，汉羌两族长期共同生活，关系密切。东汉政府为了孤立起义羌人，同时担心汉人响应羌族起义，便强迫当地汉人内迁。百姓留恋故土，不愿离去，为了断绝当地百姓的念想，朝廷竟然命令官军毁掉庄稼和房舍，致使大批汉人百姓死在内迁路上。汉廷的卑劣做法，激怒了不少汉人，当年九月，汉阳杜琦、杜季贡兄弟与同郡人王信愤然率众起义，与羌人联合，攻占上邽城（在今甘肃天水西南）。后杜琦被官府收买的刺客暗杀，王信战死，杜季贡率余众投奔滇零，面对封建朝廷的残酷压迫，羌汉两族人民携手起来反抗。杜季贡被任命为将军，镇守丁奚城，他教羌民在丁奚城附近垦荒种地，将汉人的先进农业技术传授给羌人。滇零死后，他的儿子零昌即位。元初四年（116 年），杜季贡和零昌被汉军策反的刺客暗杀。滇零带领羌族起义，建立政权，前后坚持了十一年。

面对羌人起义，其实东汉朝廷也有明白人，他来自今宁夏固原东南有一古县，叫朝那县（今彭阳县古城镇），此人便是东汉名将皇甫规。他故乡诸胡杂居，对羌人情况也很了解。

延熹四年（161 年），羌族起义风起云涌，三辅、并州、凉州大乱，长安告急。皇甫规到三辅平定羌人叛乱，被任命为中郎将，持节监关西军，领导平羌军事。皇甫规采用剿抚并用的策略，在羌族中赢得较高威望，羌人投降者十余万人。皇甫规对杀害降羌、收受贿赂、依恃权贵、不遵法度的安定太守孙隽、属国都尉李翕、督军御史张禀、凉州刺史郭闳、汉阳太守赵熹等大小官员百余人，绳之以法。皇甫规清正廉洁，不与当权宦官来往。可惜像皇甫规这样清廉的官员，在污浊的东汉官场，难以持久，他后来反遭到诬陷，被解除兵权。皇甫规被解职后，东汉将吏故态复萌，开始用残暴的手段对待羌人，逼得羌人只得造反。

羌族人在汉顺帝永和四年（139 年）和汉桓帝延熹二年（159年）又发动了两次大起义，羌族人三次大起义，加速了东汉王朝的衰亡。羌人起义期间，宁夏地区一直是战略前沿，起义军和汉军在宁夏境内经过屡次战争，最终被镇压下去，起义失败后，羌人或逃散，或投降，或被歼灭，东汉后，羌人基本退出了宁夏的历史舞台。

东汉灭亡以后，中原大乱，中央王朝虚弱，除了西晋短暂统一外，中国进入长达三百年的大分裂时期。此时，宁夏地区，成为民族大观园，贺兰山一带肥沃的牧场，宁夏平原千里沃野，成为北方诸多游牧民族的逐猎场，纷纷在这里粉墨登场。

晋室南渡，中国北方进入十六国时期，宁夏一带先后成为前赵、后赵、前秦、后秦、大夏诸国的地盘。此时，起源于东北的鲜卑人开始进入宁夏。匈奴衰落以后，北方草原出现了群龙无首状态，鲜卑适时出现，逐渐壮大，成为北方最强大的部族。

早在西晋泰康年间（280—289 年），鲜卑鹿结部七万余户生活在高平川（今宁夏清水河流域），晋武帝泰始二年（266 年），鲜卑乞伏部五千户迁徙至夏缘（今宁夏北部），在贺兰山下，过着游牧生活，所以在后世相当长一段时间内将贺兰山靠近黄河部分（即今天宁夏石嘴山一带）称作乞伏山。后来乞伏部和鹿结部发生争斗，鹿结部战败后，被并入乞伏部，乞伏部自此势力逐渐壮大。乞伏部继续南迁到今甘肃省的平凉、靖远、陇西一带，被称为陇西鲜卑，因以乞伏部为主，或称乞伏鲜卑。

随着鲜卑诸部不断迁到塞上，引来晋朝政府的警惕，派军队屯聚于高平川（今宁夏固原市清水河流域），加强对鲜卑人的监管。泰始四年（268年）起，河西、陇西地区连年大旱，十万人受灾，民众处在水深火热之中。晋武帝担心灾情引发民变，派遣悍将胡烈前往镇守高平川，熟料胡烈性格暴躁，非但没有安抚，反而觉得稳定压倒一切，采用高压政策，结果激化了矛盾，河西鲜卑在秃发树机能带领下于泰始六年（270年）发起反抗。

凉州刺史史牵弘带领晋军前往镇压，结果被秃发树机能带领的诸胡联军围困于青山（今宁夏同心县大罗山），史牵弘战死。咸宁五年（279年），秃发树机能乘胜攻下凉州，晋廷震惊，派赐给马隆符节，授官宣威将军，前往凉州镇压。马隆至凉州，鲜卑部落首领猝跋韩且万能率领一万多部众前来归降，鲜卑势力被削弱，秃发树机能战败被杀，于是平定凉州。秃发树机能死后，秦凉的诸胡部队没了主心骨，纷纷向马隆投降，鲜卑之乱暂且平定。

西晋崩溃后，诸胡纷纷内迁。匈奴铁弗部人刘卫辰曾被前秦天王苻坚任为西单于，督摄河西诸部族。刘卫辰后来被杀，其三子刘勃勃出逃，投奔后秦的高平公没弈干，没弈干把女儿嫁给刘勃勃。刘勃勃设法博得后秦皇帝姚兴信任，义熙二年（406年），姚兴任命刘勃勃为持节、安北将军、五原公，镇守朔方。当时河西鲜卑杜嵛向姚兴进献八千匹马，渡过黄河，被刘勃勃扣留，召集他的三万多人佯装去高平川游猎，出其不意袭击岳父没弈干，兼并其部众，势力得到壮大，人马达到数万人，自立为天王大单于，国号大夏，年号龙升，定都统万城（今陕西靖边北）。刘勃勃耻于刘姓来自母族，遂改姓赫连，即赫连勃勃。义熙十四年（418年），东晋将领刘裕灭后秦后便南归，赫连勃勃乘机攻取长安，在灞上（今陕西

蓝田县）称帝，改元昌武。大夏国为宁夏历史上第一个地方割据政权，在宁夏置三城，高平城（今固原）、薄骨律城（今吴忠）、饮汗城（今银川）。饮汗城又叫丽子园，是今天宁夏银川的前身，背靠巍巍贺兰山，面临滔滔黄河，是赫连勃勃的度假胜地。赫连勃勃死后，诸子内讧，削弱了力量，后被北魏所灭，立国二十五年。

大夏国是匈奴的最后的回光返照，此后匈奴这个曾经称霸大漠的草原霸主，永远地消失在史书中。如今，在宁夏银川市矗立着一座宝塔，民间俗称北塔，也称作"海宝塔"，迄今已有1500多年的历史，据说就是赫连勃勃所建，它与承天寺塔遥相呼应，凑巧的是，修建者国号都是大夏国，不同的是，前者为匈奴人，后者为党项人。

北魏统一中国北方，在宁夏设立高平镇（今在固原）、薄骨律镇（今在灵武），后来将归附的柔然、敕勒分别安排到宁夏一带。南北朝时期，中国各民族空前融合，而当时政府适时顺应了这一潮流，北魏孝文帝太和改革，进一步推进了各民族交融。这一点在宁夏地区，尤为显著，不同时期，不同的民族出入宁夏，他们为宁夏的早期开发做出了重大贡献，在这时期，宁夏地区也涌现了不少杰出人物，比如北周时期的原州刺史李贤。

» 北魏墓葬中出土的描金彩绘漆棺

二、贺兰山下即乡关

扫一扫　看视频
张贤亮与镇北堡
西北影视城

"宁夏有天下人，而天下无宁夏人。"这是流行于宁夏民间的一句俗语，这句话形象地说明了，宁夏地区聚集了天南海北的人。纵观宁夏的发展史，就是一部移民史。历史上，各个时期，不同民族的人，不同文化背景的人，不同宗教信仰的人，怀着不同目的的人，不论有多么大差异，一旦来到宁夏，就很快融入这里，大量的移民，给宁夏带来了新鲜活力，促进了宁夏经济文化的发展。

宁夏地处西北内陆，远离沿海，干旱少雨，先天地理和气候条件，决定了这里不适合农业的发展。幸亏有贺兰山遮蔽了西部的风沙，天赐一段既少洪灾又水量充沛的黄河，年平均过境水量约三百亿立方米。由黄河冲积形成的肥沃平原，地势平坦，坡降适当，发展自流灌溉十分有利。充足的水源和便利的灌溉条件，这在一定程度上弥补了宁夏降雨量的不足。

贺兰山拥有充足的植物资源，是自古以来优良的牧场，黄河的便利灌溉条件，使得宁夏平原成为"塞上江南"。这种可耕可牧的优越环境，使得无论是北方各个时期的游牧民族，还是农耕民族的历代中原王朝，无不将宁夏作为争夺目标。游牧和农耕两种文化在这里交织、渗透，各个民族在这里汇聚交融。

以关中平原和豫中平原为代表的中原地区，地势平坦，气候温润，农业设施完备，加上人口密集，将小农经济为基础的农耕文化发展到了极致，是中原王朝的核心区域。农耕经济有其先天的脆弱性，一方面受制于气候等自然因素，另一方面特别需要稳定的社会环境，这就决定了，中原王朝对内尽可能维持社会稳定，防止动荡不安，对外尽量将边境推得更远，御敌于境外。与此相对应的是，中国北部是大漠草原，相对而言，生活环境更恶劣。从远古起，这里就生活着各种游牧民族，从先秦起，匈奴、鲜卑、柔然、铁勒、回鹘、突厥、蒙古等民族先后在这里崛起，成为草原的主人，游牧经济，相对于农业经济更加不稳定，更容易受到干旱、雪灾等自然灾害的影响，所以他们只能拼命向南方扩展。

在这两种不同文明形态眼里，贺兰山一带得天独厚的自然条件，宜农宜牧，都是志在必得。北方游牧民族想通过占领贺兰山，然后挥师南下，直逼关中腹地，中央王朝则想占领贺兰山，彻底将游牧民族挡在门外。总体来说，北方游牧民族总是多处于攻势，而中原王朝处于守势。

从秦汉起，对贺兰山和宁夏平原的争夺就没有停止，反复拉锯。历代王朝为了抵御游牧民族南下，一直不断在贺兰山下修建长城，从秦朝一直修到明朝中期。与此同时，为了开拓边疆、巩固边防，保证戍边军队的供给，不断从内地向宁夏移民，兴修水利，发展农业，促进社会经济发展。

秦始皇统一中国后，夺回河南地，在宁夏境内修筑秦长城，派兵屯垦。自此开启了宁夏移民史的一个最重要的形式：屯垦。屯垦节省了从内地转输的消耗，促进边境经济的发展。此后这种制度历朝都有坚持和发展。唐朝在灵州设立大都府，明朝设沿边九镇，其中宁夏镇和固原镇就在宁夏。屯垦移民和兴修水利在宁夏时断时续，有兴有废，持续了近两千年，一直到清朝建立，我国统一的多民族国家建立后为止。

宁夏平原引黄灌溉区的移民和经济发展并不总是稳定前进，而是反复起起落落，时而兴旺，时而衰退，它主要取决于中原王朝本身的实力，比如汉武帝时期对河南地的开发，就是建立在对匈奴作战取得全面胜利的基础上。西汉全盛时代（武帝、昭帝、宣帝、元帝时期），宁夏平原的开发，维持正常经营一百多年。东汉全盛时代（光武帝、明帝、章帝时期）恢复了战争破坏的灌区，维持宁夏水利设施运行六十多年，社会经济全面得到恢复。反之，一旦中原王朝衰落，或者出现动乱，就会鞭长莫及，无暇顾及，就会出现农业水利设施被毁坏，移民大量逃亡，农业萧条，比如西汉末年，王莽篡权后和东汉诸羌起义之后，宁夏平原一带，人口锐减，土地荒芜，社会经济出现大面积倒退。

在历史上，有一个特殊时期，五代时期，中原王朝政权更迭频繁，而在宁夏地区，保持了相对的平稳，社会生产没有遭到破坏。宋朝建立后，中原地区由于自唐末以来长达数十年的战乱，遭受很大破坏，所以摆在面前的首要任务就是恢复生产。紧接着，也开始加强对贺兰山一带的屯垦，重点在灵州地区。直到咸平五年（1002年）李继迁攻破灵州，灵州屯垦作罢。

西夏建立后，不断发起对外战争，造成人口严重锐减，所以它大量俘虏沿边百姓，不但补充了充足的劳动力，而且使得农业生产技术也有了很大提高。与此同时，汉地许多失地农民也逃到西夏，壮大了西夏的劳动力队伍。西夏对水利极端重视，随着昊王渠等水利设施建设的完成，宁夏平原再度繁盛，使得西夏有了足够的粮食储备，在贺兰山修建了大型粮食储备基地——摊粮城。

蒙古人在征服西夏过程中，宁夏平原大量人口或死于战争，或者逃亡，许多水利设施遭到毁坏，到处满目疮痍，昔日塞上江南变成近乎废墟，一片萧瑟荒芜。

元初，发生西北诸王叛乱，为了平定叛乱，双方交战多年，但如何解决军队粮草，让忽必烈很伤神，所以尽快恢复宁夏生产是迫在眉睫的事。他将从灭宋回归的军队，还有从中亚带来的大量色目人安排在宁夏展开屯垦，等到元朝中期，宁夏的军屯田达到五千顷。为了开发耕地，元朝政府还下令严禁寺院僧侣占有土地。后来随着郭守敬在宁夏水利灌溉系统全面建设完毕，进一步促进了当地农业生产。从事农业的人口大多数是移民，除了军人，还有募民和流民，也有押解过来的逃犯等。至元朝末年，屯田已经遍布宁夏平原。

宁夏地区的屯田，到了明朝，发展到了极致。表现在各个方面，具体来说，种类多，规模大。军屯为主，民屯和商屯相辅。明朝边患主要是鞑靼人，为了防止鞑靼人入侵，明朝设立沿边九镇。其中宁夏的固原是西北三镇中枢，三边总督府就设在固原。明朝军屯有个明显特点，就是建立卫所制。

明代的卫所制，以军屯保证其自给自足，由世袭保证士兵来源，所以封闭、保守是其突出特点。明代大多数卫所，都建立了完备的军屯制度，卫所军士部分守城，部分屯种，要求基本上做到自给自足。

元末多年的战乱，使明初出现了大量荒闲土地，明朝政府把大量土地直接划归卫所管辖，军屯有充分的保证。

一般军队都要换防，但由于宁夏特殊的地理位置，屯垦军队驻扎后，很难按时换防，多是长期驻扎，而且有随军家属，长期下来，这些军人和家属就成了当地移民。明朝更要求军户世袭，代代从军，一旦发现有军户逃亡，会对其严厉惩处。这种做法，使得大量军屯人员成了宁夏新移民。

除了屯垦这种出于军事防御目的的移民以外，宁夏移民来源还有安置性移民和商业移民。历史上，为了开发宁夏，增加农业人口，中央王朝采取一些政策性移民，比如在汉武帝时候，关东大旱，饥民遍野，汉朝政府采用招募方式，政府提供农具和种子，将大批关东移民安置在宁夏。此外，历朝还有将罪犯押解到边疆的屯垦现象。

历史上，中央王朝还多次在宁夏安置招抚的少数民族，比如汉朝在宁夏设置三水属国，安置归附的河西匈奴，唐朝将归附的突厥和内迁的吐谷浑安置在宁夏，使得各种民族文化在宁夏汇聚传播。

宁夏是丝绸之路的主要路段，连贯中西交通贸易，也是佛教传入关中及中原地区的重要通道之一，固原作为丝路重镇，客商云集，往来使节多在此停驻，他们走南闯北，见多识广，知识背景面广，积极带动了宁夏的发展。

到了明朝，宁夏移民开始出现与以往不同的现象，许多知识分子来到宁夏，他们或是来上任的官员，或是得罪统治者的读书人，被流放到宁夏。据《嘉靖宁夏新志》记载，宁夏历任地方长官绝大多数都是来自文化相对发达地区，他们在任内期间，引进中原先进文化，大力倡导文教，使得宁夏地区文化面貌有了很大改观。

人生挫折，仕途不利，对个人来说是不幸的，对文学艺术却是必不可少的催化剂，中国文学史上许多传世佳作大多都是在人生逆境中创作的。在中国文化史上有个奇特现象，那就是贬官文化，许多身在中枢的高官本身就是高级知识分子，有着良好的文学修养，许多人在政治斗争中失败后，往往被贬谪偏远的蛮荒之地，但这种挫折往往成全了他们的创作，他们中的许多人，比如韩愈、柳宗元、苏轼等人，还主动在贬谪传承文教，带动地方文化的发展。

宁夏，恰恰就是这样一个地方，失意官员和文人的贬谪之地，他们的到来，推动和促进了宁夏读书风气。据不完全统计，整个明代，宁夏考中进士有二十九人，中举人者数以百计，出现了"风俗休美、贤俊汇集"的文化盛况。

清朝人主中原后，首先通过政治联姻，取得了漠南漠北蒙古诸部的归附，此举一举解决了中国两千年来严重的北部边患，使得贺兰山由边塞变成了腹地。清朝的屯田也转向了更遥远的新疆和甘肃一带。至此宁夏地区大规模的军屯告一段落。

从秦朝到明中后期，历代统治者向宁夏大规模、长时间、不间断地移民，前后长达千年。这些移民大多来自经济和文化比较发达的中原和江南地区，他们不仅带来了先进的生产技术，同时，将先进的文化观念和生活方式在宁夏传播开来，外来的文化与宁夏本土地域文化在漫长岁月中碰撞、渗透、融合，最终积淀和形成了一种全新的文化——移民文化。移民文化已成为宁夏地区特殊的文化精神传统，它对宁夏人的当代生活依然产生着不可忽视的影响。

当宁夏的历史进入近现代史，直到当代，移民现象并没有断绝，反而在新的历史条件下，有了新的特点。1958 年，宁夏回族自治区宣告成立，从此宁夏历史掀开了新的篇章。

新中国成立以后的宁夏移民以改革开放为分水岭，有着各自不同的特点。新中国成立后到改革开放前，来到宁夏的移民大多数是属于政策性移民，他们中有党员干部，也有知识青年、工人和农民，为了支援宁夏，他们从天南海北来到宁夏，为了宁夏的发展挥洒汗水，贡献了宝贵的青春。改革开放以后的移民都是以市场人力资源导向来到宁夏，包括商业移民和自由职业者，还有进城农民工等。

新中国成立以后，为了促进西北落后地区的发展，党中央发出"开发和建设大西北"的伟大号召，全国各地各界积极响应，告别家乡，来到西北，扎根宁夏，投身于当地的社会主义革命和建设，成为新时期的首批移民。

扫一扫　看视频
宁夏平原与青铜峡
水电站

20 世纪 60 年代初期，大批来自上海和浙江的青年成为宁夏的新移民。据统计，1959 年到 1960 年两年间，光是来宁的浙江青年，总人数就达十万之众。他们的到来，给宁夏地区注入了新的活力，带来了先进的农耕文化和前沿理念，同时，也把追求和重视知识的信念和勤于思考、勇于创新等生存智慧带到了宁夏。

新中国成立以前，宁夏地区的工业基础相当薄弱，新中国成立后，为了改变宁夏落后面貌，加强工业建设，不少内地技术人员和工人调到宁夏。后来搞三线建设，有些工厂被成建制地搬迁到宁夏，比如上海福康制毡厂 1956 年从上海搬到宁夏，并入银川毛纺织厂。此外，还有银川被服厂、银川五金厂、康乐木器厂等企业都是从上海和南京成建制搬过来的。三线建设，使得宁夏工业有了质的飞跃，为以后宁夏工业发展奠定了基础。伴随着三线建设，从内地来了大批工业队伍，给宁夏带来大量规模庞大的工业移民。

从上世纪 70 年代后期，宁夏基本没有大规模地从外部移民，然而为了改善以西海固为代表的南部贫苦地区，内部生态移民一直在进行。

西海固是指宁夏南部山区包括固原、海原、西吉等经济落后、生态环境恶劣的地区。西海固地区因自然环境恶劣、生态系统脆弱，曾被联合国粮食开发署认定为"不适宜人类居住的地区"。

扫一扫　看视频
生态移民

西海固地区生态条件差，年降水量不足二百毫米，地下水资源也极其匮乏，且水质极差，人们称之为"苦水、咸水"。造成连人畜基本饮水都非常困难，旱地农作物，十年九旱，颗粒无收。

西海固地区由于长期过度的垦殖，造成水土的严重流失，农业生态环境愈加恶化，陷入"越垦越穷，越穷越垦"的恶性循环中。相对南部山区而言，宁夏北部川区处于黄河边缘地带，土地肥沃，光照充足，可引黄灌溉，在这里发展农业有着得天独厚的优越条件，同时也有大量的荒地有待开发，这为南部地区移民提供了可能。

为使西海固农民尽早脱贫致富，缓解南部山区的生态环境和人口压力，有序开展退耕还林和恢复山区土地植被工作，宁夏回族自治区人民政府决定采用吊庄移民模式，将南部山区的部分农民移民到北部川区，开垦荒地，引黄灌溉，从而走上脱贫致富道路。所谓吊庄模式，就是将村庄整体异地搬迁，这也是宁夏在移民过程中摸索出的一条路子。吊庄移民的好处，就是农民不会改变周围熟人社会，从而更快熟悉新环境。

上世纪80年代以来，宁夏对西海固地区贫困人口先后实施了一系列移民工程，累计搬迁贫困人口六十六万人。"十二五"期间，宁夏继续举全自治区之力，实施中南部地区生态移民工程，让三十五万贫困人口告别西海固，让他们实现异地安家、异地创业、异地致富。

回顾历史，在不同时期，各种民族来到贺兰山下，共同开发了宁夏平原，原来牧歌草原变成了诗意田园，在这期间，经过碰撞和交流，最后融合，一起成为中华民族大家庭的一员。

无论你来自何方，来于何时，来到宁夏，来到贺兰山下，这里的包容和文化积淀，让你认为此处即为故乡，何须再远涉天涯！

参考文献

（汉）司马迁：《史记》，岳麓书社 1992 年版。

（汉）班固：《汉书》，上海古籍出版社 1996 年版。

（南朝宋）范晔：《后汉书》，岳麓书社 1995 年版。

（宋）司马光：《资治通鉴》，岳麓书社 1993 年版。

（元）脱脱等：《宋史》，中华书局 1977 年版。

（明）宋濂：《元史》，中华书局 1982 年版。

（清）张廷玉等：《明史》，中华书局 1982 年版。

[波斯] 拉施特：《史集》，商务印书馆 1983 年版。

[法] 蕾纳·格鲁塞：《蒙古帝国史》，商务印书馆 1983 年版。

[瑞典] 多桑：《多桑蒙古史》，中华书局 1962 年版。

史金波：《西夏社会》，上海人民出版社 2007 年版。

许成、杜玉冰：《西夏陵》，东方出版社 1995 年版。

韩小忙：《西夏王陵》，甘肃文化出版社 1995 年版。

李范文：《西夏通史》，人民出版社 2005 年版。

史金波：《西夏佛教史略》，宁夏人民出版社 1988 年版。

陈育宁主编：《宁夏通史》，宁夏人民出版社 2008 年版。

吴天墀：《西夏史稿》，四川人民出版社 1983 年版。

钟侃、吴峰云、李范文：《西夏简史》，宁夏人民出版社 2005 年版。

宁夏文物考古研究所：《水洞沟——1980 年发掘报告》，科学出版社 2003 年版。

周菁葆主编：《丝绸之路岩画艺术》，新疆人民出版社 1993 年版。

李祥石：《发现岩画》，宁夏人民出版社 2012 年版。

彭向前：《西夏王朝对丝绸之路的经营》，《宁夏大学学报》2006 年第 2 期。

樊保良：《中国古代少数民族与丝绸之路》，青海人民出版社 1994 年版。

宋德金、史金波：《中国风俗通史·辽金西夏卷》，上海文艺出版社 2001 年版。

李昌宪：《中国行政区划通史·宋西夏卷》，复旦大学出版社 2007 年版。

漆侠主编：《辽宋西夏金代通史·宗教风俗卷》，人民出版社 2010 年版。

沈福伟：《中国与西亚文化交流研究》，新疆人民出版社 2010 年版。

马福龙：《马福龙阿衡自述》，香港基石出版有限公司 2009 年版。

宁夏百科全书编纂委员会：《宁夏百科全书·水利卷》，宁夏人民出版社 1998 年版。

王正伟：《回族民俗学》，宁夏人民出版社 2008 年版。

丁国勇主编：《宁夏回族》，宁夏人民出版社 1993 年版。

白寿彝主编：《中国回回民族史》，中华书局 2003 年版。

王伏平、王永亮：《西北地区回族史纲》，宁夏人民出版社 2003 年版。

视频索引

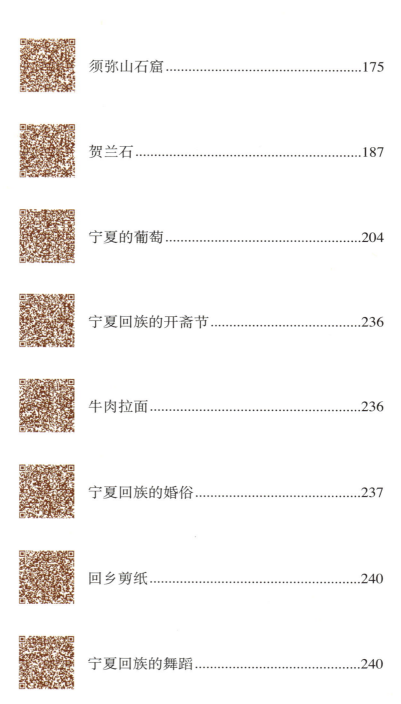
视频索引

267

后　记

2016 年，对我来说注定是不平凡的一年，在这一年中经历了许多事，结识了许多人。在这些事中，最重要的一件事，就是接受宁夏文化投融资有限公司委托写作《贺兰山》。本书作为由宁夏文投公司和中央电视台联合出品的大型史诗纪录片《贺兰山》同名配套图书，刚接触到这样一个宏大的课题时，我是有些惶恐的。作为一名青年历史写作者，尽管在过去二十多年专注于历史研究，但面对这样一个课题时，我还是觉得自己积淀不足，倍感压力。

我关注贺兰山其实很早，最早在上小学时候读到岳飞词《满江红》，被深深震撼，从内心中，对贺兰山产生了莫名的向往，在心中有了一个初步轮廓。上世纪九十年代，宁夏电视台出品了一部讲述西夏的电视剧叫《贺兰雪》，在全国引起一阵热议西夏、关注贺兰山的风潮，我也是从那时起开始将目光投向贺兰山，研究贺兰山，这一来，一晃近二十年过去了。

说起来，我跟贺兰山冥冥之中，就有一种缘分。我们家族数百年来，流传着一个传说，我们祖上，是明朝封在河湟地区的会宁伯李英，李英被封为世袭土司，赏赐金书铁券，以后经明清两朝，世系流传有序，至民国中，土司制度被废，最终走进历史。所以李英这一脉，后世自称土司李氏，又自称晋王之苗裔，晋王者，盖指唐末沙陀领袖李克用，因镇压黄巢起义，被封为晋国公，旋又被封为晋王，在五代十国之际，李克用之子李存勖建立后唐，历三世而亡，其后裔投奔夏州李氏，以后世居西夏，至西夏亡于蒙古，潜奔河湟，至明朝复显。

如今明朝政府赏赐给李英的丹书铁券和李氏族谱依然存世，数年前，我在一次展览中见过。但也有学者根据后来出土的李英墓志，即《大明已故会宁伯李公神道碑》，从字里行间推测李英是西夏皇室后裔，为了掩人耳目，托辞于李克用，孰是孰非，难以说清，有待于专家学者进一步考证，相信终有一天，真相会大白天下。但是无论哪种说法，我们祖上都肯定在贺兰山一带留下了足迹，如此一来，或许冥冥之中的机缘，通过我的手来完成这项工作。

在写作过程中，完全将自己置身于一个封闭的环境中，暂时放下手头所有的工作，全身心投入到写作中去。

2016 年，在这个炎热的夏季，我在书房内，开始了一次心中"贺兰山"旅行，书桌上堆满了如山的资料，前后查阅书籍数百本，其中包括历史、地理、气候、水利、民族、宗教、民俗……

这注定是一次艰辛的旅程，但也是一次神圣而又愉快的旅行，历史的风尘扑面而来，贺兰山就这样在我的笔下清晰起来，立了起来。

在本书写作过程中得到不少领导和朋友的帮助，感谢宁夏文化产业投融资有限公司总经理焦连新先生、副总经理雷振海先生，宁夏文投文化旅游品开发有限公司总经理秦峰、副总经理张国伟先生，感谢朱莎莎女士，感谢你们在我写作过程中给予的大力协助，感谢《银川日报》张碧迁先生为本书提供了许多宝贵的图片资料，使得本书更加充实生动，在此，要特别感谢时代文艺出版社北京创编中心方伟老师，在我写作中给予宝贵意见。还要特别感谢人民出版社的辛广伟总编辑，在他的策划及指导下，本书才得以视频书（VBook）的形式出版，使读者可以同时感知到图文与影音的魅力。感谢人民出版社的刘敬文、池溢两位编辑为本书图文和视频的编辑做出的贡献。最后感谢我的妻子侯彩英女士，她长期以来，支持我写作，没有她对家庭默默无私的贡献，就没有本书的付梓。

再次感谢大家，谢谢。

李金海

2016 年 9 月于青唐古城

后记